Los conceptos básicos s explicaciones

Ahora y por primera vez en este libro, que es de lectura fácil, usted podrá adquirir los conocimientos básicos sobre la Astrología.

Astrología para principiantes explica los temas esenciales, tales como los planetas, las casas y los aspectos. También cómo trazar e interpretar una carta, y mucho más.

- Aprenda qué es la Astrología y qué puede brindarle

- Elabore e interprete su carta natal

- Explore los tránsitos, la Astrología predictiva y las progresiones

- Calcule una carta de horóscopo con precisión

- Lea las referencias sobre material más específico

Astrología para principiantes comienza presentando la filosofía de la Astrología y luego ofrece definiciones simples de sus términos. En cierta manera llena el vacío que hay respecto del lenguaje de la Astrología y brinda las herramientas necesarias para explorar todos los detalles sobre el tema.

El autor William Hewitt da explicaciones sobre cada signo solar que son simples y fáciles de entender. Presenta dos métodos diferentes para elaborar una carta: por computadora y el método "a ojo", dando una descripción detallada de cada uno de ellos.

Este libro es simple y claro, muchas de las descripciones se encuentran convalidadas por ejemplos ilustrados que incluyen la carta natal del autor.

Al leer *Astrología para principiantes* usted aprenderá todas las reglas básicas sobre esta ciencia increíble, la Astrología.

Acerca del autor

William W. Hewitt trabaja profesionalmente en Astrología y por vocación, desde comienzos de 1974. Es miembro de la *American Federation of Astrologers* y se especializa en las cartas natales y en su interpretación. Hewitt trabaja como hipnotista clínico desde 1972. Tiene su propia clientela en Colorado, U.S.A., adonde reside en la actualidad. Como miembro del *National Writer's Club*, da conferencias sobre diversos temas como: Astrología, hipnosis, fenómenos psíquicos y control mental. Hewitt es el autor de *Auto-Hipnosis*, *Hypnosis*, *Beyond Hypnosis*, y *Tea Leaf Reading*.

Para escribir al autor

Para contactarse o escribirle al autor, o para obtener más información sobre este libro, envíe su correspondencia a Llewellyn Español para serle remitida al mismo. La casa editora y el autor agradecen su interés y sus comentarios sobre la lectura de este libro y sus beneficios obtenidos. Llewellyn Español no garantiza que todas las cartas enviadas serán contestadas, pero le asegura que serán remitidas al autor. Por favor escribir a:

William W. Hewitt
c/o Llewellyn Español
P.O.Box 64383, Dept. 1-56718-349-2
St.Paul, MN 55164-0383, U.S.A.

Incluya un sobre estampillado con su dirección y $US 1.00 para cubrir costos de correo. Fuera de los Estados Unidos incluya el cupón de correo internacional.

Astrología para principiantes

Interprete su carta natal

William W. Hewitt

Traducido al español por:

Héctor Ramírez

2001
Llewellyn Español
St. Paul, MN 55164-0383
U.S.A.

PRIMERA EDICIÓN
Primera impresión, 2000

Edición: Alicia Cappi
Diseño del interior: Pam Keesey
Diseño de la portada: William Merlin Cannon
Traducción: Héctor Ramírez

Biblioteca del Congreso. Información sobre esta publicación.
Library of Congress Cataloging-in-Publication Data
Pending. Pendiente

Llewellyn Español
Una división de Llewellyn Worldwide Ltd.
P.O. Box 64383, Dpto. 1-56718-349-2
St.Paul, Minnesota 55164-0383, U.S.A.
www.llewllynespanol.com

Impreso en los Estados Unidos de América

Este libro está dedicado a mi esposa
Dolores, quien es el Sol y las estrellas
de mi vida.

Reconocimientos

Las siguientes secciones de este libro son reimpresas con el permiso de *Horoscope Guide*, JBH Publishing Company, Inc.

Capítulo 2. De *Horoscope Guide,* mayo de 1988, artículo "Meeting The Challenge", por William W. Hewitt.

Capítulo 4. De *Horoscope Guide's 1987 Astro Annua*l, artículo "Mini-Profiles", por William W. Hewitt.

Capítulo 9. Parte sustancial de *Horoscope Guide,* julio de 1986, artículo "Fun With Sun And Rising Signs", por William W. Hewitt.

El autor agradece a *Horoscope Guide* y la editora, Michelle Arnot.

Tabla de contenidos

Lista de ilustraciones

Introducción

Este libro está pensado para:

1. Aquellas personas que quieren aprender Astrología de una manera entretenida, que desean hablar con propiedad sobre el tema y que quieren, con mucho entusiasmo, convertirse en astrólogos aficionados.

2. Las personas que deseen tomar la Astrología como pasatiempo.

3. Aquellos que quieren ser astrólogos profesionales.

4. Los astrólogos profesionales que deseen usarlo como texto para sus alumnos principiantes.

Hay cientos, tal vez miles de libros excelentes sobre Astrología, quien los lea en la secuencia correcta obtendrá mucho conocimiento. El problema es que no toda persona que trate de aprender Astrología, sabe cuál es la secuencia apropiada. Además, muchos libros deben ser leídos totalmente, debido a que son altamente técnicos y especializados. Otros textos son de referencia para sólo un tema: por ejemplo, los signos solares.

Algunos libros son tan básicos que nos dejan preguntándonos: "¿hacia dónde voy de aquí en adelante?". Otros libros básicos sumergen rápidamente al lector en cálculos matemáticos, en lugar de brindarle primeramente conceptos generales sobre Astrología.

La Astrología es una ciencia fascinante y fácil de entender cuando se presenta de manera clara, ordenada y simple; ese es justamente el propósito de este libro.

Este texto no tiene todas las respuestas, pero le señalará adónde puede encontrarlas. Cubrir completamente el tema de la Astrología requeriría por lo menos 20.000 páginas. He tratado de abarcar lo básico en pocas páginas, dejando a un lado grand cantidad de información que no es necesaria para un principiante. Este libro tiene el noventa y nueve por ciento de lo que los lectores pueden querer o necesitar, específicamente:

- Qué es la Astrología y cómo funciona.

- Los fundamentos de la misma: signos, planetas, casas, aspectos, etc.

- Cómo interpretar una carta natal.

- Conocer brevemente los tránsitos, la Astrología predictiva y las progresiones.

- Aprender el método "a ojo" para determinar rápidamente y por aproximación una carta del horóscopo, sin necesidad de usar las matemáticas. Además, tiene un capítulo separado acerca del cálculo matemático preciso de una carta del horóscopo. El método que presento es simple y exacto. Básicamente se miran los números y se llenan espacios en blanco, realizando sumas y restas simples. Tal vez muchos no necesitarán o desearán leer este capítulo, debido a que no quieren ser profesionales o prefieren usar cartas computarizadas.

• Cartas del horóscopo computarizadas. Esto hace que la Astrología sea fácil, económica, y disponible para todos.

• Referencias de materiales más detallados para quienes deseen profundizar más en Astrología.

La Astrología más practicada es la natal, que trata el análisis del perfil total de una persona, derivado de la información de su nacimiento. Hay otros campos especializados de la Astrología que tratan el clima, las catástrofes, los asuntos nacionales e internacionales, y mucho más.

De la Astrología natal parte todo, y este libro se dedica sólo a dicha área. Entendiendo ésto podrá extenderse fácilmente a otros campos, si así lo desea. La Astrología natal abarca probablemente el noventa y nueve por ciento de toda la Astrología que se practica.

Yo trabajo en Astrología profesionalmente, como ocupación accesoria, desde comienzos de 1974. En este libro uso mi carta natal como ejemplo, así que sólo necesita estudiarla para saber todo sobre mí. MAFA después de mi nombre significa que soy miembro de la *American Federation of Astrologers*.

Ahora diríjase al capítulo 1 y comience su viaje por el fascinante mundo de las estrellas...el mundo de la Astrología.

William W. Hewitt, MAFA

primera parte

Conocimientos básicos

capítulo uno

Astrología: una visión general

Este capítulo da una "visión general" de la Astrología actual. Los diversos términos astrológicos usados en esta sección con algunas excepciones, serán discutidos detalladamente en los capítulos siguientes. Por el momento el objetivo es brindar un concepto general de la Astrología; en el capítulo 2 se continuará desarrollando el concepto, pero con un alcance más detallado.

"¿Cuál es su signo solar?". Es una de las preguntas más frecuentes entre dos personas que tratan de conocerse. La Astrología les fascina a las personas...desean saber cómo se relaciona el cielo con sus vidas. Sin embargo son pocos los que conocen o comprenden realmente la Astrología. Para la mayoría de la gente, esta ciencia consiste en los horóscopos que aparecen en los periódicos y en las revistas los cuales son breves y divertidos, pero tienen muy poco uso real. Ni siquiera dan un concepto de qué es la Astrología y de qué tratan los horóscopos.

La Astrología es tan antigua como el tiempo. Existen probablemente tantos enfoques sobre esta ciencia, como astrólogos en el mundo actual. En general, la Astrología adopta la idea de que hay una conexión entre los cielos y la Tierra, que los mismos están unidos, compartiendo un espacio y tiempo comunes. Los grandes eventos cósmicos que suceden más allá de la Tierra (eclipses, alineamientos planetarios, etc.) no causan lo que ocurre en la Tierra, simplemente reflejan los acontecimientos que suceden en ella. En otras palabras, no hay una causa en los cielos, y luego un efecto aquí en la Tierra. Los eventos planetarios no producen los terrestres, suceden simultáneamente y son mutuamente reflexivos. Son producto del momento...unos ocurren arriba en el cielo, los otros aquí sobre la Tierra.

Sólo hay una gran incógnita, lo que sucede en el cielo al mismo tiempo sucede aquí en la Tierra. La Tierra es parte del cosmos y comparte ese momento cósmico. Todos los grandes eventos universales son interactivos, representan una actividad que también ocurre en nuestra consciencia y en nuestra vida diaria.

La Astrología estudia los ciclos celestiales y los eventos cósmicos como se reflejan aquí en nuestro ambiente terrenal. Los movimientos y los ciclos de los planetas forman un enorme reloj cósmico que registra el tiempo y los eventos pasados, presentes y futuros. Es fácil perder la pista de nuestra dirección en la vida debido a la confusión del diario vivir. Sin embargo estudiando nuestro reloj cósmico, o sea la Astrología, tenemos una herramienta para controlarnos mejor y ver el orden de las cosas en lo que parece, en ocasiones, estar en desorden.

La Astrología es el estudio de los ciclos de la Luna, de los planetas y del Sol y de sus interrelaciones. No hay muchas cosas en el cielo que no sean cíclicas; este patrón es repetitivo y nos permite reconocer los eventos celestiales.

La Luna atraviesa cuatro fases cada 29 días y medio: el primer cuarto (Luna nueva), el segundo cuarto, el tercer cuarto (Luna llena), y el cuarto final. Este creciente y menguante de la Luna continúa sin cesar en un patrón absolutamente predecible.

El Sol retorna a los puntos del Solsticio (primavera, verano, otoño e invierno) que son predecibles, año tras año.

Cada planeta tiene su propia órbita fija alrededor del Sol que es totalmente pronosticable. Los planetas, la Luna y el Sol tienen relaciones el uno con el otro, en el espacio. Todos son círculos o ciclos. La Astrología estudia los acontecimientos donde hay un retorno o ciclo.

El cosmos es un reloj enorme, ruedas dentro de ruedas ante las cuales todos reaccionamos; una danza cósmica que actúa incesantemente.

Una carta del horóscopo es un trozo de tiempo de este gran mecanismo cósmico. En una palabra, el reloj se detiene; por esta razón la fecha, el momento y el lugar de nacimiento son importantes. El momento en el que nacemos es significativo para detener el reloj y examinar el orden cósmico. Cualquier suceso importante merece una foto cósmica instantánea. Son fechas importantes: las fechas de nacimiento y de matrimonio, la de nacimiento de los hijos, etc. Cualquier momento que una persona considere que es significativo, es el que hay que tener en cuenta para hacer una carta del horóscopo del mismo.

Al estudiar el arreglo planetario en un determinado momento, el astrólogo puede obtener un cuadro preciso de lo que sucedió sobre la Tierra en ese instante; de esto se trata la Astrología. Esto puede parecerle ciencia ficción, pero créame que es muy real. ¡La Astrología funciona!

A todas aquellas personas que se les ha trazado una carta y se las ha interpretado un astrólogo, saben que es verdad.

El análisis de estos momentos importantes es muy complejo. Las matemáticas que se necesitan para armar una carta de horóscopo es larga y tediosa; lo mejor es usar una computadora. En los capítulos siguientes discutiremos dos métodos para trazar una carta natal: por computadora y "a ojo".

La Astrología nos ayuda a vernos a nosotros mismos y también a ver la vida con una mayor perspectiva, para obtener una visión general. La Astrología provee también una información muy específica que nos sirve para dirigir los sucesos de nuestra vida con más éxito.

Cuanto más se aprende acerca de la Astrología, más interesa conocer los ciclos planetarios y la forma en que aparecen en la vida diaria. Lo que más interesa para estudiarlos es profundizar sobre qué manera los mismos aparecen en nuestra vida, acá en la Tierra.

Todos notamos algunos efectos cíclicos en nuestras vidas: determinados hábitos, problemas y alegrías que parecen suceder una y otra vez. Éstas son las señales diarias y prácticas de la existencia de los ciclos y de nuestro conocimiento de ellos. La gente casada tiende a estar particularmente consciente de los ciclos, pues en el flujo de una relación muy cercana hay alternativamente momentos de mayor o de menor cercanía; se unen y se apartan con regularidad.

La Astrología ofrece una nueva forma de organizar los hechos que suceden en la vida, una nueva manera de verlos y de entenderlos. También brinda una forma de ordenar y de entender nuestra experiencia. Aprendiendo a observar y a tomar ventaja de los ciclos de la existencia podremos adquirir una habilidad mayor para manejar los problemas que la vida nos presenta. Cuando entendamos cómo se repiten los ciclos y cómo funcionan, estaremos preparados para sacar lo máximo de cada fase. Los astrólogos estudian, a nivel práctico, los continuos flujos y reflujos...las idas y venidas de estos ciclos en nuestras vidas. Un concepto común y equivocado acerca de los astrólogos es que ellos "están en las nubes". Es cierto que miramos al cielo, pero la mayoría de nosotros estamos involucrados en el aquí y ahora, en los sucesos diarios. Hemos aprendido a ver el cielo y ello nos fascina; lo estudiamos con gran atención, lo mismo que los sucesos que nos rodean, comenzando por el nacimiento y todos los sucesos que debemos vivir.

Ahora quiero introducirle los términos y las herramientas de la Astrología. Tenga en cuenta que el fin de la Astrología es proveer un mecanismo que permita entender la vida y vivirla mejor.

Los términos astrológicos

En la introducción de este libro mencioné que el texto está enfocado a la Astrología natal. El principal propósito de este tipo de Astrología es el de construir una carta de horóscopo basada en los datos específicos de nacimiento y luego el de interpretar los significados en la carta para averiguar una información importante de la persona en cuestión. De este modo, la carta del horóscopo es la principal herramienta de la Astrología natal.

La carta del horóscopo también se conoce con otros nombres: carta natal, rueda base, carta raíz, etc. La figura 1 es un ejemplo de carta natal, obsérvela.

En este momento no espero que entienda lo que está viendo, posiblemente le parecerá un revoltijo confuso de símbolos y de números.

Haremos referencia muchas veces a la figura 1, para explicar partes de ella. Cuando usted finalice de estudiar este libro podrá leer dicha figura o cualquier otra carta natal con la misma facilidad y placer que siente al leer una novela.

Por ahora sólo quiero que sepa cómo es una carta de horóscopo. Un horóscopo natal consiste en una serie de cálculos matemáticos del momento del nacimiento de una persona. Estos cálculos incluyen las posiciones del Sol, de la Luna y de los ocho planetas del zodíaco para el momento seleccionado y también, otros puntos delicados como el ascendente, el Medium Coeli, etc. que serán discutidos en detalle posteriormente. Esta información está organizada en una carta en forma de rueda, como se muestra en la figura 1. Algunas de sus principales características son:

Carta tipo rueda: la rueda es una representación del cielo al momento del nacimiento. Usted está en el centro de la rueda (la Tierra) rodeado por el cielo. La parte superior de la carta o MC (Medium Coeli) es el punto más alto del zodíaco, mientras que la parte inferior de la carta o IC (Nadir) está diametralmente opuesta. Al lado izquierdo de la rueda está el ascendente (o signo ascendente) que es la parte del zodíaco que se encuentra en el horizonte (ascendente) en el momento del nacimiento. El descendente se ubica al lado derecho de la carta. Los planetas están localizados alrededor de la rueda donde aparecen en el zodíaco del cielo al momento del nacimiento.

En la figura 1 los planetas y los signos zodiacales aparecen con símbolos, conocidos como glifos en Astrología. Los glifos son parte de un lenguaje especial que se enseñará en un capítulo posterior.

Posiciones planetarias: los planetas están ubicados alrededor de la rueda en sus posiciones zodiacales. El zodíaco es una manera apropiada para calcular la localización de un planeta dado en el cielo.

El zodíaco se extiende a través de los 360 grados del cielo y está dividido en los 12 signos conocidos: Aries, Tauro, Géminis, etc., de 30 grados cada uno. Las posiciones de los planetas son medidas dentro de los signos con grados, minutos y segundos. Por ejemplo, mi Luna (mi Luna al nacer) está en el signo de Géminis (tercer signo) y en el noveno grado de este signo y 42 minutos. Mi Luna está a 9 grados y 42 minutos del

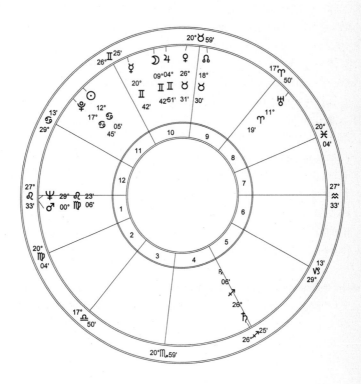

Figura 1. Carta natal

signo de Géminis. Se puede ver esto en la figura 1 y observar la décima casa (parte superior de la carta, en el sector que lleva el número 10). Se puede ver un símbolo similar a la Luna, con los números 09 ♊ 42 debajo de él. El símbolo ♊ representa a Géminis. El 09 y el 42 son los grados y minutos de Géminis donde la Luna estaba localizada cuando yo nací.

La mayoría de las cartas con forma de rueda da las posiciones planetarias en la rueda y en una lista fuera de ella, como puede verse en la figura 1.

Las cúspides de las casas: la mayoría de los astrólogos dividen al zodíaco en doce secciones o *casas* de acuerdo a un sistema. Hay diversos *sistemas de casas* que usan los astrólogos. Aquellos que sugieren el sistema de una casa creen que su método de división del cielo es el más importante.

Para poder comprender mejor el párrafo que sigue, ustedes deben saber primero qué es una cúspide. La palabra "cúspide" corresponde al nombre de las líneas que hay en la carta y que marcan el comienzo de una casa. Las casas son las doce secciones en forma de trozos de torta de la figura 1. La carta natal es leída en sentido contrario al de las manecillas de un reloj, comenzando por el ascendente (marcado ASC al lado izquierdo de la figura 1), que es la línea horizontal que hay entre la casa duodécima primera y la primera casa. Por lo tanto la cúspide de la primera casa es también el ascendente. La mayoría de los sistemas concuerdan en que el ascendente marca la cúspide de la primera casa, las marcas descendentes de la séptima, las marcas del Medium Coeli (la décima) y del Nadir la cuarta. Observe la carta de la figura 1 y note cómo está dividida en nueve secciones o casas. La cúspide de la primera casa está al lado izquierdo de la rueda y la cúspide de la décima en la parte superior. La séptima y la cuarta están simplemente opuestas a la primera y a la décima. Las demás cúspides de las casas (segunda, tercera...quinta, sexta...octava, novena...undécima y duodécima) son llamadas las cúspides intermedias, ya que se encuentran entre las cúspides principales (primera, cuarta, séptima y décima). Estas cúspides intermedias son las que generalmente difieren de un sistema a otro.

Estoy seguro de que todo esto le parece confuso; efectivamente lo es. Me confundió a mí cuando era un principiante. Deje que esto se vaya fijando en su mente. A medida que avancemos, los conceptos le parecerán más claros. Por ahora quiero darles una noción de qué son las cúspides y de los sistemas de las casas. Los sistemas de las casas más populares en la actualidad son los de Placidian y de Koch. Este libro usa el de Placidian, que se refiere a una aproximación matemática específica para construir una carta natal.

Técnicas auxiliares

La *carta natal* captura un momento o parte del tiempo. Hay otras técnicas que pueden ser usadas en conjunto con ella.

Los tránsitos: la carta natal se puede comparar con otra creada para la fecha actual. Estas cartas de fecha actual son llamadas *cartas de tránsito* y relacionan los factores astrológicos que existen en el cielo con los que los que existían al momento del nacimiento de la persona. Los tránsitos serán discutidos someramente en este libro para que se familiarice a nivel de un principiante. A mi juicio, el estudio de los tránsitos va más allá del alcance de un "novato".

Las progresiones: es otra técnica popular y que relaciona la carta natal con la misma carta natal a medida que se evoluciona en el futuro. Como ya vimos, las cartas de tránsito son desarrolladas hacia una fecha futura teniendo en cuenta el movimiento regular de los planetas en el cielo. Los astrólogos tienen una gran variedad de métodos alternativos para desarrollar una carta. El método de un "día al año" es muy popular. Por medio de este método, un día (revolución de 24 horas) se iguala con un año de

la vida (ciclo estacional). De este modo se considera que el trigé-
simo quinto día después del nacimiento representa el trigécimo
quinto año después del nacimiento. Una carta para tal día es calculada y comparada con la carta natal. Esto también será tratado
superficialmente, pues las progresiones definitivamente van más
allá del alcance del principiante.

Retornos Sol/Luna: otro método popular es el de los retornos solares y lunares. Con esta técnica se calcula una carta para el tiempo preciso en que el Sol (o la Luna) retorna a la posición que tenía en el momento del nacimiento de un individuo.
Así, si su Sol natal estaba a 25 grados y 48 minutos del signo
Cáncer, una carta de retorno solar sería una creada cuando el
Sol volviera a este punto idéntico durante el año actual. Esta
carta es luego comparada con la carta natal. Esto no será discutido posteriormente aquí, lo menciono brevemente para que
conozca términos que son parte de la Astrología natal.

Resumen

La anterior ha sido una introducción muy general a algunos de
los términos y de los procedimientos básicos usados en la Astrología. Como principiante en Astrología, todo lo que necesitará es una carta natal simple y su interpretación. En el futuro
tal vez se requieran interpretaciones más completas que traten
su año por adelantado, o quizá un informe comparativo entre
usted y alguna otra persona para examinar la compatibilidad
(o incompatibilidad) que ustedes tienen. También es posible
que se inspire a estudiar más por su cuenta, para pasar a un nivel más avanzado e incluso llegar a ser un astrólogo profesional. Posteriormente recomendaré diversos libros que le servi-
rán si desea profundizar sus conocimientos de Astrología.

La Astrología tiene un alcance tan amplio y tantas facetas que siempre hay algo para satisfacer los deseos específicos de cada persona.

Pero todos debemos comenzar con lo elemental. En el capítulo 2 se comenzará a cubrir la laguna que hay entre la "visión general" del capítulo 1 y la cantidad de detalles de las capítulos siguientes.

capítulo dos

La Astrología natal

Cuando trabajo como astrólogo me encuentro con dos clases de personas, las que solicitan mis servicios para que las ayude en su vida usando la Astrología y aquellas que piensan que soy un idiota por creer en dicha ciencia.

Este capítulo está escrito para ambos tipos de personas. Explicaré brevemente qué es la Astrología y qué no es, en un lenguaje simple y no técnico. Trataré un poco sobre qué es dar consejos astrológicos y la forma de usar esta poderosa herramienta a su favor. Hay muchas clases diferentes de Astrología, cada una con un propósito particular. Este capítulo se limita a la Astrología natal, la cual es mi especialidad. Este tipo de Astrología trabaja con los patrones de nacimiento de los individuos.

La Astrología es sólo una de las muchas herramientas que tenemos a nuestra disposición para tratar de resolver los problemas y de enriquecer nuestra vida. Otros mecanismos son la autohipnosis, la meditación, la oración y la educación. Como todas las herramientas, la Astrología realiza su función cuando es entendida y usada adecuadamente.

La Astrología natal es:

1. Una herramienta que provee una mayor comprensión de uno mismo.

2. La ciencia empírica más antigua del mundo.

3. Un modelo de los puntos fuertes, de las debilidades, de las tendencias y probabilidades de una persona, innatas desde su nacimiento. Ofrece información sobre todos los aspectos de la vida de un individuo, desde su nacimiento hasta la muerte.

Lo que no es la Astrología natal:

1. No es una panacea.

2. No es fatalista. La persona siempre tiene la habilidad de escoger usando el derecho que tiene desde que nace, de la libre voluntad.

3. No aboga para que los planetas controlen nuestra vida. Nosotros, a través de nuestras elecciones, dirigimos nuestra vida.

La filosofía de la Astrología

Personalmente no conozco a ningún astrólogo que piense que los planetas son los que causan los sucesos de nuestra vida.

La Astrología se basa en la observación de los sucesos que ocurren sobre la Tierra y que se reflejan instantáneamente en el cielo. Una analogía simplista podría ser la siguiente: si usted se mira en el espejo mientras se depila las cejas y accidentalmente se lastima la piel con la pinza, al mismo instante podrá ver en el espejo, la herida sangrante. El espejo no fue el que causó la herida o el sangrado, sólo reflejó exactamente lo que sucedió en el preciso momento que ocurrió.

Si fuera posible tener un espejo que reflejara lo que va a ocurrir más adelante, se podría haber visto el accidente con anticipación y en consecuencia, haberlo evitado teniendo más cuidado, o depilándose las cejas en otro momento.

En la Astrología, el cielo o sea las posiciones y los movimientos planetarios, son el espejo de los sucesos terrenales. Casi cinco mil años de efectuar observaciones y mantener unos registros cuidadosos, nos han brindado un conocimiento preciso acerca de los tipos de sucesos terrestres asociados con los diversos patrones celestiales.

Nuestro espejo astrológico es superior al espejo de una casa, ya que los patrones de los planetas están cambiando constantemente.

Los planetas y sus relaciones entre sí y con la Tierra cambian interminablemente de una manera absolutamente predecible. Podemos calcular matemáticamente y con precisión la posición en la que se van a encontrar los planetas en cualquier momento, con relación a un punto sobre la Tierra. Esto significa que tenemos un espejo que puede reflejar los eventos del pasado, del presente o del futuro, en cualquier parte de nuestro planeta.

Esta poderosa herramienta la hemos recibido como parte de la creación; los planetas fueron creados como parte del mundo y para nuestro uso. La ciencia de la Astrología lucha por entender y emplear este gran regalo para el beneficio de la humanidad.

Aunque tiene aproximadamente cinco mil años de antigüedad, la Astrología está aún en sus comienzos. Por ejemplo, el planeta Plutón fue descubierto en el mes de febrero de 1930, y todavía se lo está estudiando. ¿Quién sabe qué nuevo está por allí para brindarnos aún más información?

Aun así, se conoce una gran cantidad de información que es valiosa y que podemos usarla para enriquecer nuestra vida y tomar mejores decisiones.

Funciona de la siguiente forma: suponga que su nacimiento ocurrió a las 6:44 de la tarde (hora del este de U.S.A. o EST), el 31 de marzo de 1960, en Kingston, Nueva York. El astrólogo halla matemáticamente la posición en la cual el Sol, la Luna y los ocho planetas conocidos estaban en dicho momento con respecto a ese punto geográfico específico sobre la Tierra. Determina que su Sol natal está a 11 grados y 15 minutos de Aries en su sexta casa; su Luna se encuentra a 5 grados y 7 minutos de Géminis en su octava casa; y así sucesivamente para los ocho planetas restantes.

Luego el astrólogo introduce la información a un mapa circular conocido como la carta del horóscopo. Después se estudian cientos de factores en el patrón y se compilan en un informe conocido como "análisis del horóscopo natal". Este informe puede decir prácticamente todo sobre los aspectos de su vida y cómo se reflejaron en el espejo del cielo cuando usted nació.

Este tipo de informe puede resultar muy beneficioso. Por ejemplo, suponga que está indeciso sobre qué carrera seguir. Su carta le dirá en cuáles actividades tiene las mayores posibilidades de tener éxito, y luego usted podrá elegir en base a esta información. La Astrología predictiva es similar a la natal, pero mira hacia una fecha futura y analiza sus opciones en ese momento. Esta información puede ayudarlo a evitar o a reducir los problemas y a aprovechar las oportunidades.

¿Qué puede hacer la Astrología para mejorar la vida de una persona?

Examinemos tres de los factores más dominantes en la vida de una persona: el compañerismo, la carrera y el tiempo.

Los casos mencionados en el apartado "el compañerismo" y en "la carrera" son verdaderos consejos astrológicos que le brindé a dos clientes. El tratamiento sobre "el tiempo" contiene una valiosa información que suministro en todas mis sesiones.

Todo esto comenzará a darle una pequeña muestra de cómo es la consejería astrológica. Más adelante, en el capítulo 8 presentaré los detalles de los trabajos astrológicos que me resultaron más desafiantes.

El compañerismo

Un astrólogo puede hacer un análisis de compatibilidad entre dos personas y delinear con gran precisión los aspectos positivos y negativos de una relación dada. Cuanto más sepa acerca de su compatibilidad (o incompatibilidad) con otra persona, estará mejor preparado para interactuar con ella.

Hice un análisis de compatibilidad para una mujer joven que se iba a casar con un hombre a quien creía amar profundamente. Sus cartas de horóscopo mostraron que la atracción mutua era totalmente física y muy fuerte y que prácticamente no tenían nada en común. Además, la carta del hombre mostraba un temperamento violento y una naturaleza sádica. A pesar de esto, ella decidió casarse con él. Unas cuantas semanas después del matrimonio, esta mujer fue golpeada brutalmente por su esposo. Afortunadamente ella recordó mi advertencia y lo dejó antes que pudiera hacerle más daño. La Astrología predijo estos hechos claramente y le mostró distintos tipos de elecciones que ella podía hacer. Ella fue en definitiva quien eligió casarse, no obstante ello.

Podemos usar sabiamente esta característica de la Astrología para aumentar las posibilidades de tener una relación armoniosa y feliz. "La relación" no sólo se aplica al matrimonio, sino también a un romance, a la amistad, a los negocios, o a cualquier clase de sociedad.

Pero en cualquier situación, es la elección del individuo lo que dirige los acontecimientos. No son los planetas, pues éstos muestran los parámetros involucrados y los probables resultados de las decisiones. La Astrología no es fatalista; la carta del horóscopo muestra los potenciales y el individuo es quien toma las decisiones.

Su carrera

Ya he mencionado brevemente que su carta puede identificar sus talentos, fortalezas y habilidades. Frecuentemente una persona selecciona una carrera por dinero, familia, tradición, o sólo por casualidad. Rara vez este tipo de elecciones producen autorealización. Sería mejor elegir una que se ajustara a su capacidad y que sea de su interés.

Tuve que hacer un análisis a un hombre soltero, de unos treinta y ocho años de edad. Este individuo era muy infeliz en cada aspecto de su vida y la carta mostró las causas. Él era un ingeniero electrónico mediocre y aburrido, sin embargo su carta indicaba marcadamente que la ley era su mayor interés y talento latente. Enseguida aceptó que siempre había querido ser policía; fue la influencia de sus parientes lo que motivó su elección de la profesión de ingeniero. La carta mostró una ligera habilidad para la ingeniería, por lo tanto podía llegar a ejercerla, pero no era realmente su fuerte. Además, la carta indicaba una tendencia materialista, amor por los niños y deseo de matrimonio. El hombre dejó que lo dominara el materialismo y como resultado se alejó de las mujeres en lugar de atraerlas. Si le hubieran hecho su horóscopo años atrás, él podría haber visto claramente las predicciones y sus opciones y hubiera elegido de una manera diferente, lo cual le hubiera asegurado la felicidad.

El tiempo

Muchas personas gastan el tiempo en actividades no productivas, sólo para mantenerse ocupados y matar el tiempo que les sobra. Otros pasan este tiempo en soledad. En ningún caso se está haciendo lo debido. Todos somos tan multifacéticos, tanto en talentos como en lo que nos interesa, que son muchas las actividades productivas que podemos realizar. La mayoría de los individuos no se dan cuenta de esta verdad, transcurren su vida unidimensionalmente debido a que no han descubierto su naturaleza multidimensional. Una carta de horóscopo muestra claramente, entre otras cosas, la profundidad, los talentos y las habilidades de una persona. Con esta información se torna fácil seleccionar ciertas actividades que valen la pena, como un pasatiempo, una ocupación accesoria, una carrera secundaria, un trabajo voluntario, un viaje, etc. De nuevo, la Astrología le presenta las opciones y es usted quien elige. Algunos pueden elegir ser astrólogos aficionados; este objetivo requerirá todo el tiempo que desee dedicarle, pero con dicho conocimiento podrá encontrar, conocer y entender a las personas.

No hay nada mágico en este proceso, está basado en hechos, cálculos, e interpretaciones realizadas por una persona calificada. La habilidad del astrólogo es el único eslabón débil de la cadena. Un buen astrólogo construirá una carta y la interpretará con precisión; uno inexperto y descuidado no hará un buen trabajo. Obviamente esto no se aplica sólo a los astrólogos, tiene que ver con todas las profesiones. Un buen médico nos ayuda a estar bien, mientras otros sólo se interesan por el dinero e incluso causan problemas. Un mecánico competente hace que un automóvil funcione correctamente, pero no se puede decir lo mismo de uno mediocre.

El punto es que la Astrología es una ciencia viable que puede ser valiosa en su vida. La Astrología no ofrece respuestas a todo y no es una panacea, es sólo una de las muchas herramientas disponibles para que se dirija mejor en el camino de la vida. No es fatalista, en todos los casos presenta sus opciones. De su elección dependen las cosas, usted es el capitán de su barco. La Astrología sólo provee un mapa más completo para navegar.

capítulo tres

El lenguaje de la Astrología

La Astrología, al igual que todas las disciplinas científicas tiene sus propios símbolos, términos y expresiones. Usted debe aprender este lenguaje astrológico para poder asimilar mejor los capítulos restantes de este libro. En el capítulo 1 vimos a grandes rasgos algunos términos; ahora vamos a ampliarlos. Después de todo, usted quiere hablar y actuar como un profesional —o al menos un semiprofesional— así que tome su tiempo en esta sección; deje que su mente retenga el lenguaje de la Astrología.

Los signos zodiacales

Hay doce signos zodiacales y cada uno tiene su glifo (símbolo) y una abreviatura alfabética de dos letras, como se muestra en la siguiente tabla.

Glifo	Abreviatura	Signo zodiacal (inglés)	Signo zodiacal (español)
♈	AR	Aries	Aries
♉	TA	Taurus	Tauro
♊	GE	Gemini	Géminis
♋	CN	Cancer	Cáncer
♌	LE	Leo	Leo
♍	VI	Virgo	Virgo
♎	LI	Libra	Libra
♏	SC	Scorpio	Escorpio
♐	SA	Sagittarius	Sagitario
♑	CP	Capricorn	Capricornio
♒	AQ	Aquarius	Acuario
♓	PI	Pisces	Piscis

Si observa la figura 1, encontrará un cuadro similar en la esquina inferior derecha. A manera de práctica, examine la carta del horóscopo y vea si puede identificar los glifos zodiacales usando la tabla anterior como guía.

Cada signo ocupa 30 grados en el horóscopo tipo rueda. La figura 2 es la rueda natural; ésta muestra las relaciones de los signos. La cúspide de la primera casa está a cero grados y cero minutos de Aries (se escribe 00AR00). Este es el comienzo de la rueda natural y corresponde al equinoccio de primavera, o sea el primer día de esta estación (aproximadamente el 21 de marzo en el Polo Norte). De hecho, la primavera es el inicio natural de las cuatro estaciones.

Leyendo la rueda natural en sentido contrario al de las manecillas del reloj, avanzando 30 grados encontrará la cúspide de la segunda casa en cero grados y cero minutos de Tauro (escrito 00TA00). Puede continuar leyendo cada cúspide para que aprenda el orden secuencial de los signos del zodíaco.

La cúspide de la cuarta casa, 00CN00, corresponde al solsticio de verano, que equivale al primer día de esta estación (aproximadamente el 21 de junio).

La cúspide de la séptima casa, 00LI00, corresponde al equinoccio de otoño, o sea el primer día de esta estación (aproximadamente el 23 de septiembre).

La cúspide de la décima casa, 00CP00, corresponde al solsticio de invierno, que es el primer día de invierno (aproximadamente el 21 de diciembre).

Observe cómo el ciclo de vida corresponde al ciclo del zodíaco: nacimiento = primavera; juventud = verano; adultez = otoño; vejez = invierno. Recuerde lo mencionado en el capítulo 1, la vida es una serie de ciclos reflejada en los ciclos de los cielos.

El Sol se mueve a través del zodíaco a una velocidad uniforme. Ya que el zodíaco tiene sólo 360 grados y un año calendario tiene 365 días, el astro debe avanzar aproximadamente 57 minutos por día a través de cada signo secuencialmente. El Sol se mueve aproximadamente un grado menos tres segundos cada 24 horas. Para propósitos prácticos (excepto en caso de cálculos exactos) considere que el Sol se mueve un grado por día; verá en un capítulo posterior cómo esta aproximación puede servir para el desarrollo de una carta "a ojo".

Usted puede determinar el signo solar de una persona rápidamente ojeando la figura 2. Supongamos que la fecha de nacimiento sea el 18 de octubre. Observando la rueda natural de la figura 2, encontramos que dicha fecha se encuentra entre el 23 de septiembre y el 23 de octubre. La carta muestra que el signo solar entre estas fechas es Libra, y por consiguiente corresponde a la persona nacida en la fecha supuesta.

Si el día de nacimiento cae en la fecha de la cúspide de una casa en la rueda natural, deberá realizar una carta natal para saber el signo solar del individuo.

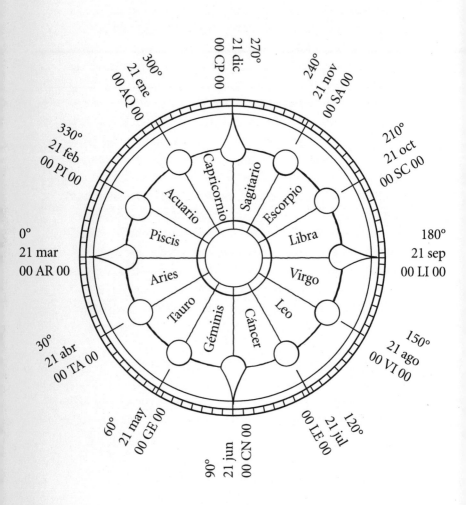

Figura 2. Rueda natural

Por ejemplo, una persona nacida el 21 de junio podría ser un geminiano con el Sol a 29 grados de este signo, o un canceriano con el Sol a cero grados de Cáncer, pues es el día en que el astro rey hace la transición de Géminis a Cáncer. Solamente una carta natal precisa, usando el tiempo del día en que ocurrió el nacimiento, le dirá con seguridad cuál es el signo de la persona. Esto es aplicable a los días de todas las demás cúspides naturales.

Se dice que una persona "nace sobre la cúspide" si lo hace en la fecha en que el Sol cambia de signo y es probable que tenga rasgos de ambos signos.

Los grados, minutos y segundos

Las cúspides de las casas y las localizaciones de los planetas en una carta natal se hacen de acuerdo al signo del zodíaco donde aparecen al momento del nacimiento de la persona. Las localizaciones son designadas por grados y fracciones de grado (minutos y segundos).

Un signo zodiacal = 30 grados

Un grado = 60 minutos

Un minuto = 60 segundos

Para propósitos de este libro no usaremos los segundos. La mayoría de los astrólogos usan sólo grados y minutos al desarrollar las cartas natales, sin una pérdida significativa de precisión.

Observe la figura 1; al momento de mi nacimiento, mi ascendente (también llamado signo ascendente) era 27♌33. Esto se lee 27 grados y 33 minutos de Leo. Treinta y tres minutos es aproximadamente medio grado, así que mi ascendente está en la mitad entre 27 y 28 grados de Leo.

Los planetas

Hay ocho planetas que son conocidos y usados actualmente en la Astrología además del Sol y de la Luna. Técnicamente estos dos últimos son luminares, no planetas. Sin embargo, la Astrología considera al Sol y a la Luna como planetas, para propósitos de creación y análisis de las cartas natales; esto se debe a que ellos actúan como planetas en lo que respecta a sus efectos sobre la Tierra y sus habitantes.

Así que de aquí en adelante considere que hay diez planetas. Los glifos y las abreviaturas para los planetas se muestran en la siguiente tabla.

Glifo	Abreviatura	Planeta (inglés)	Planeta (español)
☽	MO	Moon	Luna
☉	SU	Sun	Sol
☿	ME	Mercury	Mercurio
♀	VE	Venus	Venus
♂	MA	Mars	Marte
♃	JU	Jupiter	Júpiter
♄	SA	Saturn	Saturno
♅	UR	Uranus	Urano
♆	NE	Neptune	Neptuno
♇	PL	Pluto	Plutón

En esta tabla he presentado el glifo moderno para Plutón. Cuando lea otros libros sobre Astrología seguramente encontrará símbolos originales para dicho planeta Cualquiera de las dos es aceptable, pero la mayoría de los astrólogos usan el símbolo nuevo. Probablemente el símbolo de Plutón fue cambiado debido a su gran similitud con el de Mercurio, lo cual causaba confusión.

Un cuadro semejante al anterior es mostrado en la esquina inferior izquierda de la figura 1. Usted está empezando a ver la valiosa información presentada por esta carta natal computarizada; habrá mucho más por aprender a lo largo de este libro.

Los aspectos

Esto es algo que no se ha mencionado anteriormente.Un aspecto es la relación entre dos planetas, expresado en grados y en minutos al momento del nacimiento. Esta relación es muy importante cuando se interpreta el significado de una carta natal. Hablaré mucho más acerca de los aspectos posteriormente, por ahora sólo quiero mostrar los símbolos con sus nombres y características básicas.

Glifo	Nombre del aspecto	Separación en grados	Naturaleza
♂	Conjunción	0	Mayor
⊻	Semi-sextil	30	Menor
☿	Semi-cuadratura	45	Menor
✳	Sextil	60	Mayor
□	Cuadratura	90	Mayor
△	Trino	120	Mayor
⊡	Sesqui-cuadratura	135	Menor
⊼	Quincunx	150	Menor
☍	Oposición	180	Mayor

Si por ejemplo dos planetas están separados por unos 60 grados, se dice que están en sextil entre sí; cuando la separación es de 180 grados, se consideran que están en oposición; y así sucesivamente. Los planetas no necesariamente están separados el número de grados que aparecen en la tabla. Hay una tolerancia en más o en menos, y a esto se lo llama un orbe.

El orbe de tolerancia es bastante discutido entre los astrólogos. Algunos dicen que se debe permitir un orbe de 8 grados para los aspectos principales y de 3 grados para los secundarios; otros sugieren 6 y 2 respectivamente. Hay astrólogos que tienen un orbe para cada planeta; algunos permiten 10 grados si el Sol o la Luna están involucrados.

En este libro y en mi práctica personal, uso 8 grados para los aspectos principales y 3 para los secundarios.

He hecho una lista de todos los aspectos en la tabla anterior para que pueda reconocerlos; sin embargo, en este libro trataremos básicamente los aspectos principales. Generalmente no tomo en cuenta los aspectos secundarios cuando hago una interpretación, a menos que haya muy pocos aspectos principales.

Los aspectos agregan un elemento de armonía o de desequilibrio —facilidad o dificultad, éxito o frustración— al horóscopo, dependiendo del aspecto. Esto se tratará detalladamente en el capítulo sobre los aspectos. Por ahora, en general, los aspectos armoniosos son el trino, el sextil y el semisextil. Los aspectos difíciles son el cuadrado, el de oposición y el semicuadrado. La conjunción puede ser o no armoniosa, depende de los planetas involucrados y otros factores.

Las efemérides

Este es el material más importante que debemos tener para practicar la Astrología, incluso como principiantes.

Una efemérides es un libro, o a veces una serie de libros, que contiene cartas las cuales muestran dónde estaba, está, o estará cada planeta para cada día pasado, presente y futuro.

La figura 3 es una página de efemérides simulada que muestra dónde estaban los planetas en los días de julio de 1929. Posteriormente mostraré cómo leer y usar esta tabla.

Una típica página de efemérides da más información que la mostrada en la figura 3. No incluí datos adicionales porque los considero fuera del alcance de un principiante y no quiero confundirlo más de lo que debe estar. Antes que finalice este

DATE		SID.TIME	SUN	MOON	NODE	MERCURY	VENUS	MARS	JUPITER	SATURN	URANUS	NEPTUNE	PLUTO	CERES	PALLAS	JUNO	VESTA	CHIRON
1	T	6:41:53	10 ♑ 23:01	1 ♌ 07	27 ♊R 10	25 ♑ 35	7 ♑ 10	16 ♓ 53	10 ♋R 40	9 ♐R 19	22 ♒ 28	7 ♒ 27	16 ♐ 02	9 ♒ 38	15 ♑ 24	29 ♍R 54	28 ♏R 30	2 ♑ 10
2	W	6:45:50	11 24 18	15 40	27 08	27 07	8 25	17 37	10 32	9 16	22 30	7 29	16 04	10 00	15 47	29 51	28 24	2 16
3	Th	6:49:46	12 25 18	0 ♍ 16	27 06	28 28	9 41	18 18	10 24	9 16	22 31	7 31	16 06	10 23	16 10	29 29	28 19	2 23
4	F	6:53:43	13 26 28	14 47	27 04	0 ♒ 09	10 56	19 05	10 16	9 08	22 34	7 33	16 08	10 46	16 33	29 42	28 14	2 29
5	Sa	6:57:39	14 27 35	29 10	27 02	1 37	12	19 48	10 10	9 08	22 36	7 35	16 09	11 09	16 56	29 37	28	2 36
6	Su	7:01:36	15 28 44	13 ♎ 21	27 D 02	04	13 27	20 32	9 59	9 01	22 42	7 37	16 13	11 31	17 19	29 32	28 05	2 42
7	M	7:05:32	16 29 53	27 18	27 03	28	14 43	21 16	9 51	8 58	22 45	7 39	16 15	11 54	17 42	29 26	28 01	2 48
8	T	7:09:29	17 31 02	11 ♏ 01	27 04	49	15 58	22 00	9 43	8 55	22 48	7 42	16 17	12 17	18 05	29 20	27 58	2 55
9	W	7:13:26	18 32 12	24 29	27 05	5 07	17 14	22 44	9 35	8 51	22 51	7 44	16 19	12 39	18 28	29 13	27 53	3 01
10	Th	7:17:22	19 33 21	7 ♐ 43	27 07	17	18 29	23 28	9 28	8 48	22 54	7 46	16 21	13 03	18 51	29 06	27 53	3 07
11	F	7:21:19	20 34 31	20 44	27R 08	9 31	19 45	24 12	9 20	8 48	22 57	7 48	16 23	13 26	19 14	28 58	27 49	3 13
12	Sa	7:25:15	21 35 40	3 ♑ 33	27 08	36	21 00	24 56	9 12	8 42	23 00	7 50	16 25	13 49	19 37	28 49	27	3 20
13	Su	7:29:12	22 36 49	16 11	27 06	11 34	22 16	25 39	9 04	8 39	23 03	7 52	16 27	14 12	20 00	28 41	27 48	3 26
14	M	7:33:08	23 37 58	28 37	27 04	12 29	23 31	26 23	8 58	8 37	23 06	7 55	16 29	14 35	20 23	28 31	27D 47	3 32
15	T	7:37:05	24 39 07	10 ♒ 53	27 02	29	24 47	27 07	8 49	8 34	23 09	7 57	16 31	14 58	20 46	28 25	27 47	3 38
16	W	7:41:02	25 40 16	23 00	26 54	13 44	26 02	27 51	8 41	8 31	23 12	7 59	16 33	15 21	21 09	28 11	27 48	3 44
17	Th	7:44:58	26 41 24	5 ♓ 01	26 49	14R 05	27 17	28 35	8 34	8 28	23 16	8 01	16 35	15 44	21 31	28 06	27 48	3 51
18	F	7:48:55	27 42 32	16 56	26 43	36	28 33	0 ♈ 18	8 26	8 25	23 19	8 04	16 36	16 07	21 54	27 54	27 49	3 57
19	Sa	7:52:51	28 43 34	28 44	26 39	14	29 48	1 02	8 18	8 24	23 22	8 06	16 38	16 31	22 17	27 50	27 51	4 03
20	Su	7:56:48	29 44 39	10 ♈ 36	26 35	14 22	0 ♒ 04	1 46	8 12	8 22	23 25	8 08	16 40	16 54	22 39	27 41	27 53	4 09
21	M	8:00:44	0 ♒ 45 43	22 33	26 33	22	1 19	2 29	8 08	8 19	23 28	8 10	16 42	17 17	23 02	27 15	27 55	4 15
22	T	8:04:41	1 46 46	4 ♉ 41	26 33	13	2 35	3 13	8 00	8 18	23 32	8 13	16 44	17 41	23 25	27 27	27 58	4 21
23	W	8:08:37	2 47 48	17 03	26 34	12	3 50	3 57	7 52	8 15	23 35	8 15	16 45	18 04	23 47	26 36	28 02	4 33
24	Th	8:12:34	3 48 49	29	26 35	11	5 06	4 40	7 45	8 13	23 38	8 17	16 47	18 28	24 10	26 23	28 05	4 33
25	F	8:16:31	4 49 50	12 ♊ 11	26R 37	10	6 22	5 24	7 39	8 12	23 42	8 19	16 49	18 51	24 32	26 09	28 09	4 38
26	Sa	8:20:27	5 50 50	24 59	26 38	9	7 37	6 08	7 32	8	23 45	8 22	16 51	19 14	24 55	26	28 14	4 44
27	Su	8:24:24	6 51 47	10 ♋ 22	26 37	8	8 39	9 52	7 26	8	23 48	8 24	16 52	19 38	25 17	25 55	28	4 50
28	M	8:28:20	7 52 44	9 ♌ 44	26 36	7	9 11	10 07	7 20	8 09	23 52	8 26	16 54	20	25 41	25 41	28	4 56
29	T	8:32:17	8 53 41	9 ♌ 34	26 30	6	10 08	11 22	7 14	8 07	23 58	8 28	16 55	20 05	25 26	25 27	28 30	5 02
30	W	8:36:13	9 54 36	9 ♍ 38	26 28	4	11 44	12 38	7 08	8 06	24 02	8 31	16 57	20 28	25 24	25 12	28 07	5 07
31	Th	8:40:10	10 55 30	9 ♍ 38	26 16	3	14 44	13 53	7			8	16 59	21	25 47	24 57	28 42	5 13

Figura 3. Página de efemérides simulada

libro, habremos usado todos los términos de este capítulo muchas veces, expandiendo su alcance de significado y uso, hasta que usted se convierta en un hábil astrólogo aficionado. No abandone su estudio, sé que el lenguaje de la Astrología es confuso, pero créame, sería más difícil si nos adelantáramos a la construcción e interpretación de una carta sin explicar primero la terminología.

Volviendo con las efemérides, usted puede probablemente hallarlas en la biblioteca; pídale ayuda al bibliotecario. También podría comprar una; yo tengo dos: una que cubre los años desde 1900 hasta 1950 y otra de 1950 al 2000. Pronto adquiriré una que vaya más allá del 2000. Al iniciarme en la Astrología a comienzos de 1974, prácticamente vivía en la biblioteca usando las efemérides y otros libros de referencia sobre Astrología. Ya que fui adquiriendo experiencia y comencé a realizar trabajos astrológicos profesionalmente, compré mis propios libros, y ahora tengo un centro de referencia en Astrología ubicado en mi biblioteca. Si se le despierta el interés por la Astrología, probablemente hará lo mismo.

Sin embargo, en este libro sólo necesitará la figura 3 para seguir los ejemplos mostrados posteriormente.

Los movimientos directos y retrógrados

Estos son términos que se refieren a la dirección del movimiento planetario con relación a la Tierra. El directo, simbolizado con la letra D, indica el movimiento de los planetas de manera normal, hacia adelante, siendo vistos de la Tierra. El retrógrado, simbolizado con la letra R, se refiere al movimiento de los planetas que parecen retroceder vistos desde la Tierra. El Sol y la Luna nunca avanzan retrógradamente; todos los demás planetas sí lo hacen en ocasiones, y este tiempo es muy importante para hacer interpretaciones.

Realmente los planetas no retroceden, eso sería imposible; da la impresión de que eso sucediera debido a sus órbitas en el espacio.

Busque en la figura 3 las columnas de Saturno y Urano, examínelas y observe que cada una tiene una R en ella.

En Saturno, la R aparece en la parte superior de la columna, lo que indica que este planeta ya estaba en movimiento retrógrado cuando comenzó el mes de julio de 1929. Saturno permanece retrógrado durante todo el mes y aun más, ya que no aparece una D que indique un cambio a movimiento directo.

En Urano, la R no aparece sino hasta julio 18; así que este planeta estaba en movimiento directo hasta esta fecha, en la cual cambió a retrógrado, permaneciendo con dicho movimiento el resto del mes y aun más tiempo.

El ascendente

Abreviado ASC, el ascendente es el signo y el grado de ese signo que se levanta sobre el horizonte oriental al momento del nacimiento, en relación al punto sobre la Tierra donde éste ocurrió.

Veamos un ejemplo. Observe la figura 1; en el centro de la carta dice que yo nací el 4 de julio de 1929 a las 9 A.M. hora del este, en Toledo, Ohio. En ese momento con relación a Toledo, 27LE33 (27 grados y 33 minutos de Leo) estaba levantándose sobre el horizonte oriental.

El ascendente es también llamado signo ascendente y es uno de los puntos más poderosos en una carta natal. El ascendente es siempre la cúspide de la primera casa y a su vez la rige.

Medium Coeli

El Medium Coeli o Meridiano (MC) es el punto más alto (directamente encima) en el zodíaco al momento del nacimiento con relación al punto sobre la Tierra donde esto ocurrió.

De nuevo observe la figura 1. A las 9 A.M., el 4 de julio de 1929, en Toledo, Ohio, U.S.A. 20TA59 estaba directamente encima y era el punto más alto del zodíaco.

El Medium Coeli es también uno de los puntos más poderosos en una carta natal. El MC es siempre la cúspide de la décima casa y además la rige.

Los nodos Norte y Sur de la Luna

En la figura 1 va a encontrar un símbolo en la parte superior de la carta, cerca al MC. Este es el símbolo para el nodo Norte de la Luna. El nodo Sur no se muestra en la figura, pero su símbolo es una versión invertida del correspondiente al nodo Norte. Las cartas natales usualmente no muestran el nodo Sur debido a que está siempre exactamente opuesto al nodo Norte.

En la figura 1, ya que el nodo Norte se muestra en 18TA30R, automáticamente sabemos que el nodo Sur está opuesto (a 180 grados) en 18SC30R. Si observa la rueda natural en la figura 2, encontrará que Escorpio está exactamente opuesto a Tauro.

Note también que los nodos son siempre retrógrados.

Los nodos son puntos imaginarios en el espacio y están relacionados con los campos magnéticos basados en la localización de la Luna al momento del nacimiento. Son usados para analizar una carta natal. La influencia de los nodos es discutible; yo los considero secundarios.

Los elementos

Los cuatro elementos son Fuego, Tierra, Aire y Agua, y cada uno de los signos del zodíaco cae en uno de ellos.

Recuerde que la carta del horóscopo es una representación de la vida, que abarca todos los elementos de ella. Los signos del zodíaco aparecen en el horóscopo, influenciando la vida de la persona cuyo horóscopo es representado en la carta. Todos los signos no tienen la misma fuerza en un horóscopo, esa es una de las razones por las que cada persona es diferente de algún modo.

Una de las influencias que hace que cada uno de nosotros sea un poco diferente de los demás, es la mezcla de elementos en nuestras cartas natales. Por ejemplo, una carta que tenga la mayoría de los planetas en signos de Tierra, indica un fuerte espíritu práctico en la persona, mientras que una con la mayoría de los planetas en signos de Agua, muestra un individuo sentimental e intuitivo.

La siguiente carta presenta la correspondencia de los signos del zodíaco con los elementos.

Fuego	Tierra	Aire	Agua
Aries	Tauro	Géminis	Cáncer
Leo	Virgo	Libra	Escorpio
Sagitario	Capricornio	Acuario	Piscis

Los signos de Fuego son entusiastas, enérgicos, optimistas, felices, y de buena suerte.

Los signos de Tierra son prácticos, realistas, "con los pies sobre la Tierra". También son signos melancólicos y cautelosos.

Los signos de Aire son intelectuales, pensadores, mentalmente reservados y objetivos.

Los signos de Agua son sensibles, sentimentales, intuitivos y de humor variable.

Diríjase ahora a la figura 1 de la página 9. En la parte inferior izquierda, cerca de la rueda hay una pequeña tabla que tiene los elementos Fuego, Tierra, Aire y Agua listados verticalmente. A través de cada elemento hay unos números. Fuego tiene el 111, Tierra 011, Aire 003 y Agua 200. Esto muestra que tengo tres planetas en signos de Fuego, dos en signos de Tierra, tres en signos de Aire, y dos en signos de Agua; un balance razonablemente bueno. Significa que mi comportamiento y personalidad no se recargan en una dirección, sacrificando otras características. Soy ligeramente más fuerte en actividades mentales (tres signos de Aire), y en empuje y entusiasmo (tres signos de Fuego).

Esta pequeña tabla tiene en la parte superior las palabras card, fix y mut. Discutiremos esto en la siguiente sección.

La triplicidad

Cada signo del zodíaco está asociado con una de estas características humanas: cardinal, fijo, mudable.

Las personas cardinales son activas, inician cosas, están en constante movimiento. No se conforman con su *statu quo*, quieren resultados y progresos. Si desea contratar a alguien para que comience un nuevo proyecto, debería escoger a una persona con bastante influencia cardinal en su carta.

Los individuos fijos son estables. No les gusta mucho cambiar. Se sienten bien con el *statu quo* que llevan; suelen aferrarse a las cosas y las terminan. Si desea contratar a una persona para que finalice un proyecto una vez que se ha iniciado, sería ideal alguien que tenga una fuerte influencia de esta característica en su carta.

Las personas mudables son versátiles, se adaptan rápidamente a cualquier situación, les gusta mucho el cambio, no pueden permanecer con su statu quo. Contrate este tipo de individuos como vendedores.

Observe la misma tabla de la figura 1 en la que encontró los elementos. Ahora puede entender lo que está escrito en la parte superior: card para cardinal, fix para fijo y mut para mudable.

Estudie la carta y podrá ver que tengo tres planetas en signos cardinales, dos en signos fijos y cinco en mudables; un balance bueno. Las influencias mudables y cardinales son las más fuertes y me hacen entusiasta, enérgico, cambiable, adaptable, etc.

Puede ver con lo que hemos tratado acerca de la triplicidad y los elementos, que ya estamos analizando parte de lo que es una interpretación.

Los tránsitos

Los tránsitos son las posiciones en el presente, no como estaban al momento del nacimiento. Los tránsitos desencadenan acción en la carta natal, o atraen usualmente eventos secundarios a nuestras vidas. Para averiguar cuándo es probable que le ocurra una experiencia, compare las posiciones de los tránsitos con las posiciones natales, para ver si hay aspectos (conjunciones, trinos, sextiles, cuadrados, etc.) entre dichas posiciones. Posteriormente trataremos esto más detalladamente.

Hay más términos astrológicos que los discutidos hasta ahora, pero voy a detenerme aquí. A mi juicio, estamos pisando la línea fina entre lo que necesita saber un principiante y lo que adicionaría confusión.

capítulo cuatro

Miniperfiles de los signos solares

La base de la interpretación astrológica es el perfil del signo del Sol de cada uno de los doce signos zodiacales. Hay otros factores importantes tales como la localización de los planetas, de las casas, de los ascendentes, de los grados y de los aspectos, etc. pero todo comienza con el perfil del signo solar. Es necesario conocer todos los signos de Sol, ya sea que esté analizando una carta, tratando de conocerse mejor a sí mismo, o de entender a los demás.

Los miniperfiles que se encuentran a continuación no cubren todo, sino los puntos sobresalientes y brinda el conocimiento necesario para que usted pueda aplicarlo a cada signo. Esto le dará suficiente información al principiante para: poder hablar con propiedad, analizar las cartas a un nivel general, y pasar algunos momentos agradables.

Hay una gran cantidad de libros excelentes, que tratan sólo sobre los signos solares en profundidad, dedicándole de

20 a 30 páginas a los signos de Sol. En la cuarta parte de este libro les recomiendo varios de estos textos como lectura adicional, si es que están decididos a continuar con Astrología con más profundidad.

Aries

Aries es el primer signo del zodíaco y su regente es Marte, el planeta de la acción. Las personas nacidas bajo este signo son competitivas y están orientadas a la acción; se esfuerzan por ser primeros en todo, a menudo hasta el punto de ignorar los derechos y sentimientos de los demás. Si aprenden a moderar su agresividad con diplomacia y tacto, pueden conseguir mucho. Son líderes por naturaleza; les gusta iniciar las cosas para que otros las terminen, ya que se aburren y quieren encontrar un desafío nuevo.

Aries tiende a ser dinámico, impulsivo, pendenciero, egoísta, agresivo, entusiasta y enérgico.

Algunos de los intereses típicos de los nativos de este signo son: pensar en ellos, afrontar desafíos de cualquier tipo, ser líderes, comenzar las cosas para que otros las terminen por ellos. Son pioneros y también tienden a ser guerreros.

Los arianos tienen una gran fuerza de voluntad y confianza en sí mismos. Si logran aprender a amar, a respetar a los demás y a actuar con sabiduría, no hay límites para sus logros.

Aries nunca admite una derrota, permanece luchando hasta triunfar o morir.

En los Estados Unidos hemos tenido varios presidentes bajo este signo, entre ellos Thomas Jefferson y John Tyler.

Los arianos son los pioneros del zodíaco.

Características:	Cardinal—fuego
Frase clave:	¡Yo soy!
Palabra clave:	Acción
Virtud:	Valor

Defecto:	Arrogancia
Gobierno:	Regidor natural de la primera casa
Planeta regente:	Marte

Cuando Aries está sobre la cúspide de alguna casa o un planeta está en Aries, los asuntos de esa casa o de ese planeta serán afectados por distintas influencias tales como: sucesos impulsivos, energía, entusiasmo, acción y tal vez la lucha.

Diríjase a la figura 1 y observe que Aries está sobre la cúspide de mi novena casa y el planeta Urano está en Aries en la octava casa. De este modo en mi carta de horóscopo, los asuntos de mi novena casa y la acción de Urano en la octava, son influenciados en algún grado por Aries. Todo esto tendrá mayor sentido para usted, después que lea los capítulos sobre las casas, los planetas y la interpretación de la carta. Por ahora tenga en cuenta que los signos zodiacales influencian en las casas y en los planetas involucrados con ellas.

A esta altura, si recuerda la palabra clave ACCIÓN y a MARTE, el planeta regente, usted habrá empezado a entender a Aries. A medida que trabaje con la Astrología, va a retener en su memoria rápidamente, las otras características importantes.

Tauro

Tauro es el segundo signo del zodíaco y está regido por Venus, el planeta de la belleza y la gracia. A los taurinos les gustan las cosas buenas de la vida, y usualmente concentran sus energías para adquirir dinero y bienes materiales. Siguen con gran ánimo todo lo que satisfaga sus deseos... esto puede ser el placer, el confort y la riqueza.

Los nativos de Tauro aprecian las cosas hermosas, ya sea el arte, la música o la ropa. Son muy estables y confiables, aunque en general son bastante testarudos.

Algunas de las características de los taurinos son: el materialismo, la codicia, la pereza, la paciencia, el espíritu práctico, la estabilidad y la resistencia.

Algunas de las cosas que les interesa son: la comodidad y las posesiones de cualquier tipo.

Generalmente estos individuos son bastante leales con sus amigos, a menudo llevando la carga de sus problemas. También son muy celosos y casi siempre extremadamente.

Tienden a no ser conscientes de sí mismos o de sus motivos. Son grandes planificadores y trabajan mucho para hacer que sus planes se materialicen.

En los Estados Unidos ha habido varios presidentes bajo este signo, tales como Harry S. Truman y Ulysses S. Grant.

Los taurinos son los acumuladores y los constructores del zodíaco.

Características:	Fijo—tierra
Frase clave:	¡Yo tengo!
Palabra clave:	Posesiones
Virtud:	Confiabilidad
Defecto:	Terquedad
Gobierno:	Regidor natural de la segunda casa
Planeta regente:	Venus

Cuando Tauro está sobre la cúspide de una casa o un planeta está en él, los asuntos de esa casa o de ese planeta se verán afectados por las influencias taurinas tales como el provecho, el progreso lento pero estable, la determinación y las actitudes posesivas.

Diríjase a la figura 1 y observe que Tauro está sobre la cúspide de mi décima casa y el planeta Venus está en Tauro en dicha casa. De esta manera, en mi carta, los asuntos de mi décima casa y la acción de Venus se verán influenciados en algún grado por Tauro. Esta es una influencia especialmente fuerte en mi carta, como verá posteriormente.

Por ahora recuerde la palabra clave, POSESIONES y al planeta regente, Venus, y empezará a entender a Tauro.

Géminis

Géminis es el tercer signo del zodíaco y está gobernado por Mercurio, el planeta de la mentalidad y de la comunicación. Los geminianos son probablemente las personas más inteligentes del zodíaco. Tienen una mente rápida y son curiosos, prácticamente por todo; el único problema es que rara vez tienen autodisciplina. Por consiguiente, carecen de estabilidad para terminar lo que comienzan. Si un geminiano adquiere autodisciplina, puede lograr todo lo que desea.

Los geminianos son felices cuando están involucrados en muchas actividades a la vez. Ellos prefieren lo intelectual, como la filosofía, la escritura, o el concebir cosas para que los demás las realicen.

Un geminiano debe tratar de calmarse, pues su sistema nervioso puede "arder" debido a la tensión constante y fuerte, a que es sometido.

Los nativos de este signo tienden a ser inconstantes, superficiales, ingeniosos, inteligentes, versátiles y curiosos.

Algunos de sus intereses son: la comunicación de todo tipo, el viajar, saberlo todo, aprender, hablar, escribir y leer.

En los Estados Unidos ha habido solamente un presidente geminiano, John F. Kennedy.

Los geminianos son los vendedores y los comunicadores del zodíaco.

Características:	Mudable—aire
Frase clave:	¡Yo pienso!
Palabra clave:	Variedad
Virtud:	Viveza
Defecto:	Superficialidad
Gobierno:	Regidor natural de la tercera casa
Planeta regente:	Mercurio

Cuando Géminis está sobre la cúspide de una casa, o un planeta está en Géminis, los asuntos de esa casa o de ese planeta se verán afectados por influencias tales como: mucha comunicación (escritura, lectura, etc.), bastante esfuerzo mental, viajes e intereses diversos.

Diríjase a la figura 1 y observe que Géminis está sobre la cúspide de mi undécima casa y tengo los planetas Júpiter, Luna y Mercurio en Géminis, en mi décima casa. Estas son unas influencias muy fuertes en mi carta. Con todos esos planetas de mi MC en Géminis, es fácil entender por qué soy un escritor profesional. Esto le resultará aun más claro cuando lea el resto del libro.

Por ahora, recuerde la palabra clave: variedad y al planeta regente, Mercurio y habrá empezado a comprender a Géminis.

Cáncer

Cáncer es el cuarto signo del zodíaco y está regido por la Luna. Es el más sensible y el más fuerte de todos los signos de agua.

Para los nativos de Cáncer el hogar y la vida familiar es lo más importante, y ellos harán lo que sea necesario para establecer y proteger a sus familias.

Se sienten heridos por los desaires de los demás, con mucha facilidad; son individuos muy complejos, a veces parecen extremadamente fuertes y en otras ocasiones tan vulnerables como un niño. Muy pocas personas realmente entienden a los nativos de este signo, por lo tanto nunca reciben la comprensión necesaria por parte de los demás.

Los cancerianos son muy cariñosos. Una vez que comienzan a amar nunca se detienen. Sin embargo, pueden ser enemigos muy crueles. Usualmente son tímidos, de temperamento variable y reaccionan más por la intuición o las emociones que por la razón.

Son maestros del arte de la resistencia pasiva; pueden ser llevados a través de la amabilidad, pero si se sienten forzados, se vuelven intransigentes.

Los nativos de Cáncer tienden a cambiar de humor, son sensibles, sentimentales, y amantes de la vida familiar.

Algunas de las cosas que les interesa más son el hogar y la seguridad.

Bajo este signo están los presidentes norteamericanos Calvin Coolidge y Gerald Ford.

Los cancerianos son los amos de la casa del zodíaco.

Características:	Cardinal—agua
Frase clave:	¡Yo siento!
Palabra clave:	Tenacidad
Virtud:	Protección
Defecto:	Combatividad
Gobierno:	Regidor natural de la cuarta casa
Planeta regente:	La Luna

Cuando Cáncer está sobre la cúspide de una casa, o un planeta está en Cáncer, los asuntos de esa casa o de ese planeta serán afectados por las infuencias de este signo, tales como humor variable, extrema sensibilidad, actitud protectora, necesidad de tratar con la gente y ser reconocido, a menudo alguna relación con la comida y mucha intuición psíquica.

Si observa la figura 1, podrá ver que Cáncer está sobre la cúspide de mi duodécima casa y que el Sol y Plutón están en Cáncer en mi undécima casa. Veremos posteriormente cómo esto se mezcla en la interpretación total de mi horóscopo.

Por ahora, recuerde la palabra clave, tenacidad y el planeta regente, la Luna, y empezará a entender a Cáncer.

Leo

Leo es la quinta casa del zodíaco y está regido por el Sol. Los nativos de este signo son nobles y generosos, aunque a menudo poseen demasiado ego. Son muy francos y confían mucho en sí mismos. Estas características frecuentemente hacen que pierdan amigos. Son valientes y leales.

Los Leo son fuertemente atraídos por el sexo opuesto.

La desgracia caerá sobre aquel que perjudique a un leonino.

Tienden a ser románticos, idealistas, ambiciosos, temperamentales, egoístas, entusiastas, generosos, optimistas, dominantes y afectuosos.

Les interesan:los deportes y los juegos, el éxito, la diversión y los niños (especialmente los de ellos).

Ha habido varios presidentes de los Estados Unidos nacidos bajo Leo, entre ellos Herbert Hoover y Benjamin Harrison.

Los leoninos son los artistas (a veces payasos) del zodíaco. Son también los que "están a cargo de las cosas".

Características:	Fijo—fuego
Frase clave:	¡Yo quiero!
Palabra clave:	Poder
Virtud:	Magnánimo y noble
Defecto:	Ostentoso
Gobierno:	Regidor natural de la quinta casa
Planeta regente:	El Sol

Cuando Leo está en la cúspide de una casa, o un planeta está en Leo, los asuntos de esa casa o de ese planeta serán afectados por las influencias de este signo, tales como: diversión, gobierno, romance, vistosidad, pompa, optimismo, fe, reacciones temperamentales y los eventos relacionados con los niños.

Si observa la figura 1, podrá encontrar que Leo gobierna mi ascendente (primera casa) y que el planeta Neptuno está en

Leo en la primera casa. Esta es una influencia poderosa en mi vida, como descubrirá más adelante en este libro.

Por ahora recuerde la palabra clave, PODER y al planeta regente, el SOL, y empezará a entender al signo solar LEO.

Virgo

Virgo es el sexto signo del zodíaco y está regido por el planeta Mercurio. Los nativos de Virgo buscan constantemente el conocimiento.

Son conscientes de los detalles, y hacen bien las cosas en cualquier línea de trabajo que requiera exactitud; son prácticos y eficientes.

El defecto más grande de los nativos de este signo es que critican mucho a los demás... incluso actúan como jueces. Si superan este rasgo negativo, pueden alcanzar la realización espiritual más grande de la vida.

A veces se sumergen tanto en detalles, que pierden la visión general de las cosas. También tienden a preocuparse mucho, lo cual puede afectarles la salud. Si aprenden a disciplinar sus mentes para concebir ideas constructivas, usualmente tienen una buena salud y benefician la humanidad. A menudo siguen una rama de la medicina.

Probablemente los nativos de Virgo permanecen más tiempo Solteros que las personas de otros signos, debido a que se les dificulta encontrar a alguien que cumpla con sus normas elevadas.

Tienden a ser críticos, metódicos, pulcros, confiables, prácticos, cautelosos y trabajadores.

Algunos intereses de Virgo son: encontrar fallas, ayudar a los demás a mejorar, trabajo, detalles, perfección.

Hemos tenido varios presidentes nacidos bajo este signo en los Estados Unidos, entre ellos William H. Taft y Lyndon B. Johnson.

Los nativos de Virgo son los artesanos del zodíaco.

Características:	Mutable—tierra
Frase clave:	¡Yo analizo!
Palabra clave:	Servicio
Virtud:	Minuciosidad
Defecto:	Melindroso
Gobierno:	Regidor natural de la sexta casa
Planeta regente:	Mercurio

Cuando Virgo está sobre la cúspide de una casa, o un planeta está en Virgo, los asuntos de esa casa o de ese planeta serán afectados por las influencias de este signo, tales como: discriminación, cautela, análisis, búsqueda de la perfección, salud, eficiencia, detalles y artesanía.

Diríjase a la figura 1 y observe que Virgo está sobre la cúspide de mi segunda casa y el planeta Marte está en Virgo en mi primera casa. Esta es una fuerte influencia en mi carta y se dará cuenta de qué manera avanza en este libro.

Recuerde por ahora, que la palabra clave es SERVICIO y el planeta regente MERCURIO.

Libra

Libra es el séptimo signo del zodíaco y es regido por Venus, el planeta de la belleza y de la gracia.

Los librianos rara vez están solos; quieren y necesitan compañía. Por lo tanto, el matrimonio es muy importante para ellos. Prefieren una ocupación en sociedad con otras personas, o al menos que haya un contacto cercano. Son buenos consejeros y jueces debido a que ven claramente los dos lados de una situación. Sin embargo, esta habilidad para ver un asunto desde todas las perspectivas, frecuentemente es un problema cuando van a tomar decisiones, especialmente en asuntos de menor importancia. Por ejemplo, le puede tomar horas a una libriana el decidirse por una blusa cuando hay una gran variedad para elegir.

Los nativos de Libra rara vez son perezosos; trabajan mucho y también exigen a sus compañeros que lo hagan. Tienen un fuerte sentido de la justicia y del juego limpio. Muy pocas veces expresan ira, pero cuando lo hacen son una "tormenta". Sin embargo, esta ira desaparece rápidamente y no guardan rencor.

Los librianos tienden a ser románticos, independientes, inconstantes, colaboradores, graciosos, derrochadores y algo materialistas.

Algunos de sus intereses son: los sociales, la justicia, la paz, el compañerismo, la belleza y la vida social.

Hemos tenido varios presidentes con este signo en los Estados Unidos, entre ellos Dwight D. Eisenhower y James E. Carter.

Los nativos de Libra son los diplomáticos del zodíaco.

Características:	Cardinal—aire
Frase clave:	¡Yo tengo equilibrio!
Palabra clave:	Armonía
Virtud:	Justicia
Defecto:	Indecisión
Gobierno:	Regidor natural de la séptima casa
Planeta regente:	Venus

Cuando Libra está en la cúspide de una casa, o si un planeta está en Libra, los asuntos de esa casa o ese planeta serán afectados por influencias de este signo, tales como sociedades, armonía, equilibrio, justicia, belleza y a veces idealismo o romanticismo hasta el extremo.

Si observa la figura 1, encontrará que Libra está sobre la cúspide de mi tercera casa. No tengo planetas en Libra. La influencia de este signo en mi carta es sutil; señalaré dicha influencia en el capítulo de interpretación de la carta natal.

Para comenzar a entender a Libra, recuerde la palabra clave, ARMONIA y el planeta regente, VENUS.

Escorpio

Escorpio es el octavo signo del zodíaco y está regido por el planeta Plutón. Este es un signo extremadamente fuerte, ningún otro tiene un potencial tan alto para el bien o el mal.

Los nativos de Escorpio tienen una gran fuerza de voluntad y un intenso impulso emocional. Usualmente tienen mucho interés por el sexo. Hacen todo con intensidad y entereza, no suelen hacer las cosas "a medias". No le temen a la muerte.

Debido a su gran impulso emocional, necesitan mantener en lo alto su integridad para no caer en comportamientos indeseables tales como la violencia, la envidia, el odio, o una actitud posesiva.

A menudo se vuelven trabajadores obsesivos. Son duros consigo mismos y usualmente actúan sin compasión con los demás; odian la debilidad en sí mismos o en otras personas.

Frecuentemente ayudan a los demás, pero esperan que estos empiecen a ayudarse a sí mismos.

Los nativos de Escorpio son reservados; también son enemigos o competidores despiadados.

Tienen la tendencia a ser vengativos, sarcásticos, heroicos, enérgicos, cínicos, decididos y recelosos.

Les interesa: el sexo, desenmarañar los misterios y el dinero de los demás.

Bajo este signo han nacido algunos presidentes de los Estados Unidos, entre ellos Theodore Roosevelt y John Adams.

Los nativos de este signo son los detectives del zodíaco.

Características:	Fijo—agua
Frase clave:	¡Yo deseo!
Palabra clave:	Ingenio
Virtud:	Dedicación intensa
Defecto:	Vengativo
Gobierno:	Regidor natural de la octava casa

Planeta regente: Plutón

Cuando Escorpio está sobre la cúspide de una casa, o si un planeta está en Escorpio, lo referente a esa casa o a ese planeta será afectado por las influencias de este signo, tales como: secretos, coacción, deseos y emociones profundas, celos, luchar hasta la muerte, actitud posesiva, cambios forzados, y a veces el fatalismo.

Si observa la figura 1, podrá encontrar que Escorpio está en la cúspide de mi cuarta casa. No tengo ningún planeta en Escorpio. La influencia sutil de este signo en mi carta de horóscopo será entendida mejor cuando estemos en el capítulo de interpretación.

Recuerde que la palabra clave es ingenio y el planeta gobernante, Plutón.

Sagitario

Sagitario es el noveno signo del zodíaco y está regido por Júpiter, el planeta de la expansión y de la buena fortuna.

Los nativos de Sagitario son honestos y amantes de la libertad. Siempre brindan ayuda, sin importarles cuan difícil sea una situación, es como si tuvieran una especie de escudo protector.

En general son individuos espiritualmente sensibles, pero a veces aparecen cerrados, especialmente si están asociados a un grupo social o religioso que tiene una visión limitada.

A menudo son francos y carecen de tacto. Las mujeres de Sagitario son unas compañeras encantadoras, pero generalmente son bastante independientes y odian las tareas domésticas

Los sagitarianos no son idealistas. Deben adquirir sabiduría y equilibrio, o de lo contrario se vuelven fanáticos y siguen ciegamente algún dogma.

Los nacidos bajo este signo tienden a ser optimistas, amigables, generalmente acomodadizos y argumentativos.

Algunos de sus intereses son la religión, la filosofía, el viajar (especialmente al extranjero), los caballos, la ley, los libros y el dar consejos.

Hemos tenido varios presidentes con este signo en los Estados Unidos, entre ellos Zachary Taylor y Martin VanBuren.

Los sagitarianos son los filósofos del zodíaco.

Características:	Mudable—fuego
Frase clave:	¡Yo veo!
Palabra clave:	Libertad
Virtud:	Optimismo
Defecto:	No selectivo
Gobierno:	Regidor natural de la novena casa
Planeta regente:	Júpiter

Cuando Sagitario está sobre la cúspide de una casa, o un planeta está en Sagitario, lo referente a esa casa o a ese planeta se verá afectado por influencias sagitarianas, tales como: buena suerte, abundancia, optimismo, falta de discernimiento, personas o las cosas del extranjero, la ayuda a los demás para que se encuentren a sí mismos, la filosofía y el humor.

Diríjase a la figura 1 y observe que Sagitario está sobre la cúspide de mi quinta casa y el planeta Saturno está en Sagitario en mi cuarta casa. Esto juega un papel significativo en mi carta de horóscopo, como se verá posteriormente.

Recuerde que la palabra clave es LIBERTAD y el planeta gobernante JUPITER.

Capricornio

Capricornio es el décimo signo del zodíaco y está regido por el planeta Saturno. Muchos astrólogos lo consideran el signo más fuerte. Son individuos comprometidos, trabajan mucho y se dedican a alcanzar sus objetivos. Si mantienen la integridad pueden obtener grandes logros; si carecen de ella también pueden realizar grandes cosas, pero con seguridad tendrán grandes caídas. Esto se debe a que Saturno, el planeta regente, siempre ejerce la justicia perfecta... lo que se siembra será cosechado.

Los nativos de este signo son prácticos. No dejan que nada se interponga en su camino. Son enemigos invencibles y amigos leales, ordenados y metódicos.

No funcionan bien durante mucho tiempo, en posiciones subordinadas. Deben estar a cargo, incluso en pequeñas cosas. Suelen ser viejos cuando están jóvenes y jóvenes cuando están viejos.

Los capricornianos tienden a ser serios, gastadores, ambiciosos, realistas, cautelosos, responsables, preocupados y muy trabajadores.

Algunos de sus intereses son: los negocios, el éxito material y el tener el control. Hemos tenido varios presidentes nacidos bajo este signo en los Estados Unidos, entre ellos Andrew Johnson y Woodrow Wilson.

Los nativos de Capricornio son los organizadores del zodíaco.

Características:	Cardinal—tierra
Frase clave:	¡Yo uso!
Palabra clave:	Ambición
Virtud:	Respeto
Defecto:	Aire de superioridad
Gobierno:	Regidor natural de la décima casa
Planeta regente:	Saturno

Cuando Capricornio está sobre la cúspide de una casa o un planeta está en dicho signo, los asuntos de esa casa o de ese planeta serán afectados por las influencias capricornianas tales como: autodisciplina, ambición, frialdad, actitud seria, deseo de status, parquedad, trabajo duro y responsabilidad.

Si observa la figura 1, encontrará que Capricornio está sobre la cúspide de mi quinta casa. No tengo planetas en este signo. Esta es una influencia sutil en mi carta.

Recuerde que la palabra clave es AMBICION y el planeta regente SATURNO.

Acuario

Acuario es el undécimo signo del zodíaco y es regido por el planeta Urano. Este es el signo de la amistad y de la hermandad.

Los nativos de este signo son amigos leales, trabajadores incansables y que prefieren las actividades que tengan beneficios humanitarios. Desean mucho obtener ganancias materiales, pero no son avaros. Trabajan con voluntad por lo que quieren y no exigen más que la parte que les corresponde. Debido a que toman su trabajo seriamente, usualmente son muy nerviosos y esto puede lograr que se enfermen con frequencia. Sin embargo, exteriormente parecen calmos.

Con los acuarianos, lo que usted ve es lo que obtiene... ellos no ponen fachadas, odian la hipocresía.

Los nativos de Acuario son decididos, testarudos y a menudo argumentativos. Tienen la habilidad de fomentar mucha aversión hacia ellos mismos.

Generalmente son indiscretos, independientes, ingenuos, de mente abierta, dogmáticos, rebeldes e impersonales.

Algunos de sus intereses son: ayudar a los demás, los amigos, la Astrología, la verdad y la política.

Hemos tenido varios presidentes con este signo en los Estados Unidos, entre ellos Abraham Lincoln y Franklin D. Roosevelt.

Los acuarianos son los reformadores del zodíaco.

Características:	Fijo—aire
Frase clave:	¡Yo sé!
Palabra clave:	Independencia
Virtud:	Amistad
Defecto:	Excentricidad
Gobierno:	Regidor natural de la undécima casa
Planeta regente:	Urano

Cuando Acuario está sobre la cúspide de una casa, o un planeta está en él, los asuntos de esa casa o de ese planeta serán afectados por las influencias acuarianas, tales como: necesidad de libertad y de independencia, comportamiento no convencional, ideales humanitarios, talento artístico, cambios y eventos repentinos, gustos costosos, originalidad, y uso de métodos científicos y eléctricos.

Diríjase a la figura 1 y observe que Acuario está en la cúspide de mi séptima casa y que no tengo planetas en este signo. Esta influencia es secundaria en mi carta.

Recuerde que la palabra clave es INDEPENDENCIA y el planeta gobernante es URANO.

Piscis

Piscis es el duodécimo signo del zodíaco y está regido por el planeta Neptuno. Los nativos de este signo son gente muy sensible que responden a las ideas y a los pensamientos de los demás. Siempre quieren hacer las cosas correctamente, pero en general tienen poca fuerza de voluntad.

Los piscianos pocas veces participan en deportes o actividades que requieren el uso de energías. No son combativos; sufren en lugar de luchar por sus derechos, tienen complejo de mártir.

Pueden ser tan testarudos que nadie puede razonar junto con ellos. También prefieren ir a la deriva en lugar de afrontar una dificultad.

Los nativos de Piscis alternan entre el pesimismo y el optimismo. De hecho, cambian mucho su comportamiento, van de un extremo al otro; esto es muy molesto para alguien que tenga que vivir o trabajar con ellos.

Generalmente no son ambiciosos, parecen estar encerrados en un mundo de sueños; son excelentes artistas en todos los campos del arte y poseen mucha imaginación.

Tienen la tendencia a ser sensibles, impresionables, cambiantes, videntes, descuidados, dependientes. Suelen soñar despiertos.

Hemos tenido varios presidentes de este signo en los Estados Unidos, entre ellos George Washington y Andrew Jackson.

Los piscianos son los mártires del zodíaco.

Características:	Mudable—agua
Frase clave:	¡Yo creo!
Palabra clave:	Compasión
Virtud:	Caridad
Defecto:	Fácilmente influenciado
Gobierno:	Regidor natural de la duodécima casa
Planeta regente:	Neptuno

Cuando Piscis está sobre la cúspide de una casa, o un planeta está en Piscis, los asuntos de esa casa o de ese planeta serán afectados por las influencias de este signo, tales como: tendencia a la comprensión y al entendimiento, experiencias místicas, actividades clandestinas, fraude, actividades relacionadas con las drogas, idealismo a costa de lo práctico, personas enfermas, instituciones, secretos o actividades secretas.

Si observa la figura 1, podrá ver que Piscis está en la cúspide de mi octava casa. No tengo planetas en Piscis. La influencia de este signo en mi carta es sutil.

Recuerde que la palabra clave es COMPASION y el planeta regente NEPTUNO

Signos del zodíaco y las partes del cuerpo

La Astrología médica es un campo especial de esta ciencia que requiere tener el conocimiento y las habilidades necesarias, que van más allá de las de un principiante. Sin embargo, el principiante debe saber que las diversas partes del cuerpo están gobernadas por los signos del zodíaco.

La siguiente lista muestra las partes del cuerpo regidas por cada signo. Esto es sólo para referencia ya que en este libro no se tratará la Astrología médica.

Aries: cabeza, cara (excepto la nariz), cerebro

Tauro: cuello, garganta, glándula tiroides

Géminis: hombros, brazos, manos, pulmones, timo, tubos bronquiales

Cáncer: estómago, mamas

Leo: corazón, columna vertebral

Virgo: intestinos

Libra: riñones, ovarios

Escorpio: nariz, vejiga, órganos sexuales, adenoideas

Sagitario: cadera, muslos, nervio ciático, músculos

Capricornio: piel, estructura esquelética

Acuario: piernas y tobillos, circulación sanguínea, electricidad del cuerpo, retina del ojo

Piscis: pies, dedos (de los pies), glándulas linfáticas, glándulas sudoríparas

La lista anterior es sólo la punta del *iceberg* de un campo muy especializado de la Astrología, pero le dará una idea del enorme alcance de esta ciencia.

capítulo cinco

Los Planetas

Cada uno de los planetas tiene características básicas que lleva consigo, sin tener importancia sobre qué casa o qué signo aparezca.

Por supuesto que la acción de cada planeta varía si su influencia se mezcla con las de su signo y casa. Los aspectos que un planeta hace con otros planetas son también llamados "influencias modificantes".

Sin embargo, las características básicas de cada planeta serán lo suficientemente fuertes como para aparecer en la carta del horóscopo, sin reparar en estas influencias.

En este capítulo exploraremos las características principales de cada planeta. Cuanto más se entiende sobre la naturaleza de los planetas, los signos, los aspectos y las casas, mejor se puede leer e interpretar las cartas.

Todas las características de un planeta dado no se aplican a una carta, sólo las que son exclusivas a la persona involucrada.

La localización del planeta en la carta por la casa y el signo y los aspectos, hacen que otros planetas determinen exactamente qué características se aplicarán.

Las descripciones en este capítulo tratan sólo algunas de las características claves. Ustedes deberán leer libros dedicados completamente a los planetas para poder obtener un conocimiento más profundo. No obstante, para la etapa de principiante, esta sección tiene suficiente información con la que pueden empezar a interpretar las cartas y tener un conocimiento sobre la Astrología razonablemente bueno, a un nivel de aficionado.

El Sol

El Sol es el planeta más importante de la carta, pues representa a su ego y a la individualidad. Indica, por la localización de su casa y de su signo, dónde usted tiene la habilidad para "brillar". Le muestra sus ambiciones y sus rasgos de carácter más profundos; además representa su vitalidad.

Un Sol fuerte en una carta puede superar la debilidad o la adversidad en otra parte de la carta.

Un Sol débil en una carta puede hacer que a una persona le resulte más difícil alcanzar sus objetivos.

Hagamos un breve paréntesis para tratar el tema del Sol débil. Lo que digo aquí también se puede aplicar a cualquier planeta que pueda estar localizado débilmente en el horóscopo.

Un ejemplo de un Sol débilmente ubicado sería en Libra y localizado en cualquier casa en la carta que sea gobernada por Acuario y donde no haya aspectos mayores para el Sol que vengan de algún otro planeta.

Sin importar el resto de la carta, una persona con este Sol no tendrá mucha fuerza de voluntad y probablemente no mucho encanto.

Sin embargo, hay otros nueve planetas en el horóscopo que pueden ayudar a superar a un Sol débil.

Por ejemplo, Marte en conjunción con Venus en la primera casa podría hacer maravillas para proveer algún encanto y un Plutón bien situado podría suministrar fuerza de voluntad. Hay un gran número de combinaciones de aspectos y localizaciones de los planetas que podrían ayudar a compensar a un Sol débil.

El punto es que en una carta dada puede haber uno o dos planetas débiles. Por lo general el resto de los planetas pueden compensar dicha debilidad. Y en todos los casos: ningún planeta es completamente impotente en una carta, sin importar su localización. Un planeta puede tener menos fuerza en algunas cartas, pero nunca está desprovisto de poder.

Usted posiblemente se ha dado cuenta que algunas personas encuentran poca o ninguna dificultad para alcanzar sus objetivos. Otras, por lo contrario tienen una gran dificultad. A menudo la diferencia es debida a que el Sol, u otros planetas, están más fuertemente localizados en unas cartas que en otras.

En general, el Sol funciona más poderosamente en Leo, Aries y Sagitario; y lo hace con más dificultad en Acuario, Libra y Géminis.

En los otros seis signos (Tauro, Cáncer, Virgo, Escorpio, Capricornio y Piscis), parece haber un término medio entre fácil y difícil.

Algunas características solares son: la ambición, la confianza, la fortaleza, el liderazgo, el deseo de reconocimiento, la individualidad.

Entre las características positivas del Sol están: la dignidad, generosidad, fuerza de voluntad, lealtad, justicia y el honor.

Algunas de las negativas son: envidia, presunción, arrogancia y pereza. El Sol gobierna a Leo; también rige al corazón, a la columna vertebral, al esperma y a la herencia genética.

El Sol se mueve cada año a través de los doce signos del zodíaco, avanzando aproximadamente a un grado por día (53 segundos por día para ser más exactos). Dura cerca de 30 días en cada signo del zodíaco. El Sol nunca avanza retrógradamente.

Si observa la figura 1, encontrará que mi Sol está localizado en la undécima casa en Cáncer. Esto, entre otras cosas, dice que mi habilidad para "brillar" estará en relación con la undécima casa y con los asuntos de Cáncer. La undécima casa es una casa pública y tiene que ver con tratar con grupos de personas en general (aprenderá más acerca de esto en un capítulo posterior). Cáncer, entre otras cosas, se relaciona con el hogar y con los asuntos de la psiquis.

Ahora examinemos lo que hago para vivir. Escribo libros en mi casa y éstos en general, circulan por el mundo. Tres de mis libros publicados hasta la fecha tratan sobre temas psíquicos. Además doy conferencias sobre esta materia.

¿Está empezando a ver los tipos de información que se pueden obtener de una carta natal?

¿Está viendo cómo empezar a interpretar a los planetas en los signos y en las casas?

Al tratar sobre cada planeta escarbaré un poco sobre esta clase de interpretaciones para que usted empiece a "sentir" a la Astrología. Más adelante, profundizaremos más sobre las interpretaciones.

La Luna

Después del Sol, la Luna es el planeta más personal y tiene gran efecto sobre un individuo. Muestra las actividades diarias de la vida, como por ejemplo cómo usted congenia con las personas, especialmente con las mujeres (sin interesar cuál es su género). La Luna indica dónde están sus ataduras emocionales. En la carta de un hombre, la ubicación de la Luna (y de

Venus) muestra el tipo de mujer hacia la cual él se siente atraído. En la carta de una mujer, la ubicación de la Luna (y Marte) es la que sugiere el tipo de hombre hacia el cual la mujer se va a sentir atraída.

La posición de la Luna por el signo y la casa indica dónde están los principales intereses de la vida. La ubicación de la Luna en una carta natal también muestra en qué parte de la vida tendrá muchos cambios y dónde habrá un empuje fuerte por alcanzar la estabilidad y la seguridad.

Además la posición de la Luna en la carta indica cómo la gente va a reaccionar con las personas.

La Luna afecta al temperamento, a la memoria y a los pensamientos subconscientes. Representa a la madre, a los asuntos domésticos y a la vida familiar.

En general, este planeta funciona con más poder en Cáncer, Tauro y Piscis; y con más dificultad en Capricornio, Escorpio y Virgo. En los otros seis signos parece haber un término medio entre fácil y difícil.

Los tipos lunares básicos son: emocional, sensible, imaginativo, doméstico, cambiante e instintivo.

Algunas características positivas de la Luna son: inspiración, magnetismo, poderes psíquicos visionarios y creatividad. Algunos aspectos negativos son: poderes psíquicos autodestructivos, temperamento variable, actitud posesiva, amor reprimido, tendencia a ser exclusivista.

La Luna gobierna a Cáncer. También rige la nutrición, el estómago, las mamas, la matriz, la fecundación, la mente subconsciente, los instintos, la memoria y la digestión.

La Luna se mueve a través de todos los signos del zodíaco aproximadamente cada 28 días, avanzando aproximadamente de 12 a 15 grados por día (la velocidad varía). Permanece cerca de dos días y medio en cada signo, y nunca tiene movimiento retrógrado.

Observe la figura 1. Mi Luna está en Géminis en la décima casa. La Luna muestra, entre otras cosas, dónde está el principal interés de una persona en la vida y lo que ocurre en las actividades diarias de ésta.

Géminis gobierna las comunicaciones (lectura, escritura, etc., entre otras). Una de las características de la décima casa expone al público, lo que nosotros hacemos en la vida (veremos más acerca de esta casa en un capítulo posterior).

Mi actividad diaria es escribir y la escritura es mi principal interés. El público me ve como a un autor.

Además, recibo cartas de mis lectores que se encuentran en varias partes de los Estados Unidos y muchos otros países del exterior. El 99% de la correspondencia corresponde a mujeres.

¡La Astrología realmente funciona!

Mercurio

Al igual que el Sol y la Luna, Mercurio es un planeta personal. Rige la mente, lo consciente y racional. La localización de la casa y del signo de Mercurio muestra cómo la mente dirige sus ideas. Mercurio refleja la conexión de la razón entre lo consciente y subconsciente, entre lo físico y lo espiritual.

Somos como pensamos y Mercurio en la carta describe el proceso de nuestro pensamiento.

Los vínculos (aspectos) de Mercurio con otros planetas dan una descripción adicional de nuestro proceso de pensamiento. Por ejemplo, un fuerte vínculo con Saturno implica que existe un gran pensador.

Si Mercurio tiene un aspecto cercano con otro planeta, se encuentra influenciado con más fuerza por ese planeta y se convierte en un canal a través del cual éste expresa su poder. Cuando está localizado poderosamente por la posición del signo y de la casa, o de un aspecto, Mercurio se convierte en una fuerte influencia en la carta.

Las personas que son lentas en el aprendizaje o que tiene gran dificultad para entender, a menudo tienen un Mercurio mal localizado en su carta. Si este planeta está en un aspecto adverso fuerte con otros planetas, es muy difícil para las mismas sacar una mayor ventaja de sus facultades mentales.

En general, Mercurio funciona con más poder en Géminis, Virgo, Acuario y Escorpio y actúa con más dificultad en Sagitario, Piscis, Leo y Tauro. En los otros cuatro signos (Aries, Cáncer, Libra y Capricornio) parece haber un término medio entre fácil y difícil.

El mercuriano tiende a ser adaptable, intelectual, activo, capaz de desarrollar varias actividades simultáneamente, expresivo y comunicativo.

Algunas características positivas de Mercurio son la habilidad para aprender rápidamente, el ingenio, la brillantez, la elocuencia, la destreza, y un gran entendimiento. Entre las negativas están: una sensación de superioridad no justificada, su indecisión, inestabilidad, curiosidad, y el hablar demasiado.

Mercurio gobierna a Géminis y a Virgo. También rige al sistema nervioso, al movimiento de la lengua, las manos, los reflejos y la coordinación, el entendimiento, la memoria y la mente consciente.

Este planeta avanza a través de los doce signos zodiacales en aproximadamente un año y no se aleja del Sol más de 28 grados. Es retrógrado 3 semanas cada vez, cuatro veces al año. A causa de esto, Mercurio está a veces delante del Sol y a veces lo sigue; puede ser la "estrella de la mañana", o la "estrella del atardecer".

Mercurio avanza de 0 grados a 2 grados y 12 minutos por día, dependiendo de si es retrógrado o si se mueve directa y rápidamente. Esto significa que permanece en un signo de 14 a 30 días, dependiendo del movimiento.

En la figura 1 puede ver que mi Mercurio está en Géminis en la décima casa. Esta es una localización especialmente poderosa, ya que este planeta está en el signo que gobierna (Géminis) y se encuentra en el fuerte cielo medio (décima casa).

Mercurio rige la escritura (entre otras cosas) y está en la décima casa pública. Ahora, yo soy un escritor que realiza libros para el público.

De nuevo, puede ver cómo la Astrología detalla con precisión la vida de una persona.

Venus

Venus es también un planeta personal. Generalmente muestra adónde se puede ganar o gastar el dinero.

Este planeta representa el refinamiento, la armonía, el amor, la belleza y el arte. Indica cómo actuamos con otras personas.

En la carta de un hombre, Venus junto con la Luna muestra el tipo de mujer que le atraerá y posiblemente con la cual se casará. Vea en Marte al tipo de hombre que le atrae a una mujer.

Venus es a menudo llamado el benefactor menor; esto significa que se lo asocia con la buena fortuna en pequeña escala. Por ejemplo, ganar una cantidad pequeña de dinero en la lotería. La posición de su casa muestra adónde puede aparecer la buena suerte.

En general, Venus funciona con más poder en Tauro, Libra, Piscis y Acuario; y con más dificultad en Aries, Escorpio, Virgo y Leo.

En los otros cuatro signos (Géminis, Cáncer, Sagitario y Capricornio), parece haber un punto medio entre fácil y difícil.

Venus rige sobre: romance, amor, amabilidad, belleza y sociabilidad. Algunas de sus características positivas son el encanto, la fineza, la consideración, la creatividad, la inspiración y la gracia.

Algunas de las negativas son la vanidad, la pereza, la envidia, la autoindulgencia, la indecisión y la actitud posesiva.

Venus gobierna a Tauro y a Libra. También rige los ovarios, la garganta y la circulación sanguínea.

Este planeta se mueve a través de los doce signos zodiacales en aproximadamente un año y nunca se aleja del Sol más de 48 grados. Al igual que Mercurio, Venus en ocasiones va retrógrado, a veces adelante del Sol y otras veces lo sigue. También puede ser "estrella de la mañana" o "estrella del atardecer".

Venus avanza de 0 a 1 grado y 16 minutos por día, dependiendo de si es o no retrógrado. Esto significa que permanece en un signo zodiacal de 23 días a un poco más de 2 meses, dependiendo de su movimiento.

Puede ver en la figura 1 que mi Venus está en Tauro en la décima casa, una localización poderosa. Esto, entre otras cosas, indica que ganaré dinero haciendo algo creativo para la gente (escribir en mi caso).

En la carta de un hombre, mencioné que Venus y la Luna indican el tipo de mujer con quien éste probablemente se casará. Mi Venus está en Tauro, y estoy casado con una mujer que tiene un ascendente de este signo en su carta natal. Además, mi Luna está en Géminis (individuos habladores) y mi esposa habla bastante.

Por ahora puede ver que la ubicación de cada planeta refuerza otras localizaciones de planetas en mi carta. Incluso sin ir más lejos, usted puede fácilmente concluir que yo seré un autor profesional exitoso.

Marte

Marte es acción, energía y valor. Representa nuestros impulsos más primitivos y agresivos. También influencia fuertemente a los asuntos sexuales.

La localización de este planeta en una carta natal muestra dónde tomará lugar la actividad física, e indica el tipo de cosas que lo incitarán, cómo reaccionará a la violencia, etc.

En la carta de una mujer, Marte describe al tipo de hombre que probablemente le atraerá. También describe cómo ella congeniará con dicho hombre.

Cualquier aspecto entre Marte y el Sol en una carta, da una gran fuerza de voluntad y una fuerte constitución física.

Marte en aspecto con cualquier planeta, cede una gran cantidad de energía para la acción del otro planeta, esto puede ser bueno, o no tan bueno, dependiendo de la carta.

En general, este planeta funciona con más poder en Aries, Capricornio y Leo; y con más dificultad en Libra, Cáncer y Acuario. En los otros seis signos (Tauro, Géminis, Virgo, Escorpio, Sagitario y Piscis), parece haber un equilibrio entre fácil y difícil.

Los individuos con influencia de Marte tienden a ser enérgicos, independientes, fuertes, valerosos e impulsivos.

Algunas características positivas de Marte: determinación, confianza personal, naturaleza agresiva, audacia y dedicación. Entre las negativas están la terquedad, violencia, envidia, crueldad, y actitud destructiva.

Marte gobierna a Aries. También rige la cirugía, los glóbulos rojos, la tolerancia ante el dolor, la energía muscular, ciertas enfermedades que causan dolor, fiebre e inflamaciones.

Este planeta se mueve a través de los doce signos del zodíaco en aproximadamente dos años, permaneciendo un promedio de 1.5 meses en cada uno. Avanza de 0 grados a 1 grado y 16 minutos por día, dependiendo si está en movimiento retrógrado o directo.

La figura 1 muestra que mi Marte está en Virgo en la primera casa. Esta es una buena localización, pues está en la casa que Marte rige normalmente (vea la rueda natural de la figura 2), además este planeta está en cercana conjunción con mi ascendente y Neptuno. Trataremos esto con más detalle en el capítulo sobre las interpretaciones.

Marte en Virgo es una localización común en las cartas de los cirujanos y de los diversos artesanos. A partir de esto, usted podría concluir rápidamente que soy de alguna forma hábil con mis manos. En realidad soy bastante torpe e inepto con ellas.

Marte en Virgo otorga habilidad para la artesanía, pero en mi caso es una artesanía con las palabras y no con los objetos.

Señalo esto para que cuando usted interprete una carta natal no lo haga demasiado rápido para interpretar algo que es obvio; debe estudiar toda la carta cuidadosamente.

En mi carta no hay otra indicación de que podría ser hábil con mis manos, pero hay una gran evidencia de que tengo destreza con las palabras. De este modo podemos concluir que Marte en Virgo, en mi carta, da poder y energía a mi habilidad para hablar.

Júpiter

Júpiter es el planeta de la comunicación. Cualquiera sea el lugar de una carta natal adonde esté ubicado, le mostrará adónde habrá abundancia en la vida de una persona. Puede ser abundancia de riqueza o de pobreza, de buena o de mala salud, de éxito o de fracaso, etc. En otras palabras, dondequiera que esté la influencia de este planeta, habrá muchos factores asociados con él en una carta natal específica.

Júpiter es a veces llamado el mayor bienhechor, pues está relacionado con la buena suerte en distintas maneras. Por esta razón su aparición suele ser más beneficiosa que perjudicial.

La localización de Júpiter en una carta muestra dónde se puede encontrar mejor suerte. También indica dónde es menos probable que la persona sea cautelosa o discriminante.

Este planeta está asociado con la religión y la filosofía. También rige los asuntos legales, los viajes de larga distancia y al extranjero, los caballos, los libros, la imprenta y las publicaciones.

Júpiter en aspecto con cualquier planeta, da buena fortuna y expansión a la acción del otro planeta, en la carta de una persona.

En general, Júpiter funciona con más poder en Sagitario, Cáncer, Tauro y Piscis; y con más dificultad en Géminis, Capricornio, Virgo y Escorpio. En los otros cuatro signos (Aries, Leo, Libra y Acuario), parece haber un término medio entre fácil y difícil.

Algunas características básicas de este planeta: optimismo, buena suerte, seguridad, naturaleza generosa, honorable y prometedora.

Entre sus características positivas están: el éxito, la ambición, dignidad, riqueza, inspiración y reverencia. Algunas de las negativas, extravagancia, pomposidad; tendencia al fanatismo, presunción, pereza y el exceso de confianza.

Júpiter gobierna a Sagitario. También rige la obesidad, el páncreas, la cadera, el hígado, los músculos y la insulina.

Este planeta se mueve a través de los doce signos zodiacales en aproximadamente 12 años, permaneciendo un promedio de un año en cada uno. Avanza de 0 grados a 14 minutos por día, dependiendo de si su movimiento es directo o retrógrado.

La figura 1 muestra que mi Júpiter está en Géminis en la décima casa. Recuerde que Júpiter funciona con dificultad en este signo. Veamos qué significa esto en mi carta.

Júpiter rige los libros y las publicaciones. Géminis gobierna la comunicación (escritura). Así que usted puede rápidamente concluir con precisión que voy a ser un autor de libros que serán publicados.

Sin embargo, la combinación Júpiter/Géminis dice "con dificultad"; y efectivamente esto ha sido cierto. Ha resultado muy difícil para mí convertirme en un escritor exitoso; mi primer libro fue publicado cuando ya tenía 57 años de edad.

No obstante, hay un lado bueno en ésto. Júpiter en la décima casa también indica éxito en la parte final de la vida de una persona, lo cual es precisamente mi caso. De este modo, la parte difícil ha pasado y desde ahora mi vida será exitosa con facilidad.

Disfruto poder leer mi carta y tener una buena idea de mis potenciales. Usted también podrá hacerlo si estudia cuidadosamente este libro.

Por ahora, debe tener idea de lo valiosa y divertida que es la Astrología.

Saturno

Saturno es el planeta "maestro" y el planeta de la justicia perfecta. Gracias a su influencia aprendemos, pero no siempre con facilidad; nos permite cosechar lo que sembramos, si sembramos buenas semillas (lo bueno siempre funciona bien) y Saturno nos asegura una recompensa por ello. Por supuesto que si sembramos semillas malas, obtendremos exactamente lo que merecemos.

Muchos astrólogos consideran a Saturno como a un planeta maléfico, debido a que está asociado con los obstáculos y las dificultades.

Hagamos un paréntesis aquí. La Astrología tradicional considera que Marte, Saturno, Urano y Plutón son planetas maléficos; el Sol, la Luna, Venus y Júpiter son considerados benéficos; y Mercurio y Neptuno se consideran neutrales. No estoy de acuerdo con esta filosofía.

Los llamados "planetas maléficos" son frecuentemente asociados con las dificultades, pero yo no considero que esto sea malo (maléfico). Los problemas nos dan la oportunidad de desarrollar nuestro carácter y además nos hace más fuertes.

Los llamados "planetas benéficos" a menudo están relacionados con pocas dificultades, o tal vez ninguna; pero no considero que esto sea necesariamente bueno (benéfico). Demasiada facilidad en una carta nunca le permite que una persona desarrolle su carácter o el tipo de carácter que necesita. Por ejemplo, el niño rico al que se le ha dado todo desde que nació, se vuelve incapaz de hacer algo valioso.

Tampoco creo que haya algún planeta que sea neutral.

Mi filosofía es que las elecciones que una persona hace, con respecto a sus influencias planetarias, es lo que determina la característica de bueno, malo o neutral. Por ejemplo, Saturno puede presentar una cierta dificultad en la carta de una persona; ésta a su vez puede darse por vencida y fracasar, o vencer y tener éxito. Los planetas presentan las circunstancias y las opciones, la persona elige.

Ahora regresemos de nuevo con lo referente a Saturno. No mencionaré nuevamente en este libro, los términos maléfico o benéfico.

En general, Saturno funciona con más poder en Capricornio, Libra y Virgo; y con más dificultad en Cáncer, Aries y Piscis. En los otros seis signos (Tauro, Géminis, Leo, Escorpio, Sagitario y Acuario) parece haber un término medio entre fácil y difícil.

Los nativos de Saturno tienden a ser serios, sinceros, cautelosos, convencionales y sensatos.

Algunas influencias positivas de este planeta: estabilidad, autodisciplina, sabiduría, economía, paciencia, resistencia y humildad. Entre las influencias negativas, egoísmo, avaricia, temor, pesimismo y rigidez.

Saturno gobierna a Capricornio. También rige el esqueleto del cuerpo, los dientes, la piel y las rodillas. También la parálisis, el miedo, las caídas, las condiciones crónicas, el calcio y la vesícula biliar.

Este planeta se mueve a través de los doce signos del zodíaco en aproximadamente 29 años y medio, permaneciendo en cada uno durante un promedio de 2 años y medio.

Saturno viaja a un promedio de 0 grados a 8 minutos por día, dependiendo del tipo de movimiento (retrógrado o directo).

La figura 1 muestra que mi Saturno está en Sagitario en la cuarta casa. Esta localización indica que mi padre fue muy disciplinario conmigo, lo cual es correcto. Saturno representa al padre en la carta (la Luna, a la madre), y la cuarta casa es la escena familiar; Saturno es el disciplinario.

La localización de la casa de Saturno muestra el área de la vida de una persona donde tiene más lecciones que aprender y aquella en la cual siente con más intensidad que no es competente.

Urano

A este planeta se lo relaciona con los cambios repentinos y con los acontecimientos que no han sido anunciados con anticipación. Las circunstancias que hacen que nos cambie la vida por completo y en un instante, son sucesos uraneanos. Este planeta rara vez es sutil en un horóscopo; trae emoción y cambio, deseado o no.

A veces Urano da solamente una descripción del lugar donde hay un deseo fuerte de ser libre o no convencional. A este planeta se lo asocia también con los impulsos rebeldes.

Se lo relaciona con la habilidad intuitiva y psicológica y con los eventos. Si usted armoniza con las energías de Urano, podrá desarrollar sus destrezas creativas latentes.

Un fuerte Urano en una carta indica una persona no convencional, original, intuitiva e individualista.

Urano es también el planeta del divorcio y de la separación.

A veces denota gran poder, o el deseo de obtenerlo por parte de la persona. Esto es especialmente cierto si Urano está en aspecto con el Sol o Leo en una carta natal.

Urano rige la Astrología, la electricidad, los astronautas, los espasmos corporales, o problemas de otras partes del cuerpo relacionados con el mal funcionamiento de la electricidad corporal, lo nuevo e inusual, los inventos, los amigos, y oficiales del gobierno.

Es un planeta asociado con el entendimiento espiritual y mental.

En general, funciona con más poder en Acuario, Escorpio, Géminis y Libra; y con más dificultad en Leo, Tauro, Sagitario y Aries. En los otros cuatro signos (Cáncer, Virgo, Capricornio y Piscis) parece haber un término medio entre fácil y difícil.

Urano rige las actividades esotéricas y la metafísica, el pensamiento independiente, la energía impulsiva, a los reformadores, los inconformes y al cambio.

Algunas características positivas asociadas con la influencia de Urano incluyen la clarividencia, la fuerza de voluntad, la intuición, los ideales humanitarios, el magnetismo y el ingenio. Algunas de las características negativas, la rebeldía, el fanatismo, una naturaleza radical o dictatorial, la excentricidad y la perversión.

Urano gobierna a Acuario. También rige la parte inferior de las piernas y los tobillos, la tensión, las situaciones que causan nervios, la circulación sanguínea, los rayos X y la mente intuitiva.

Este planeta se mueve a través de los doce signos del zodíaco en aproximadamente 84 años, permaneciendo un promedio de 7 años en cada uno.

Avanza de 0 grados a 4 minutos por día, dependiendo si el movimiento es directo o retrógrado.

La figura 1 muestra que mi Urano está en Aries en la octava casa. Esta posición indica que mi muerte será repentina. No voy a tener una enfermedades prolongadas.

Debido a los aspectos con mi Sol, con Plutón y con la Luna, también se indican muchas otras cosas, las que discutiremos más adelante, cuando tratemos más a fondo la interpretación de la carta.

Neptuno

Neptuno es el planeta más difícil de describir debido a que rige cualquier cosa que sea difícil de definir o de aclarar en términos específicos.

Tal vez la mejor manera de dar una idea de mostrar qué es lo que representa, es dando una lista de las cosas que gobierna: eventos misteriosos, asuntos psicológicos, drogas, venenos, hospitales, instituciones, ilusiones, hipnosis, magia, fraude, caos, momentos de coma, confusión, sueños, misticismo, indecisión, secretos, problemas ilusivos y sensibilidad extrema.

Cuando Neptuno está bien localizado en una carta, puede significar buena suerte y protección, las cuales parecen casi de tipo sobrenatural.

La influencia de este planeta sobre una persona puede traer gran devoción o incluso deseo de martirio.

Las personas con un Neptuno fuerte en sus cartas, a menudo parecen que sueñan o viven en otra dimensión.

Las vibraciones mayores de este planeta son espirituales, psicológicas, compasivas, imaginativas, de comprensión y de autosacrificio.

Las vibraciones menores son sentimientos de impotencia, dolor, engaño y condiciones fraudulentas.

En general, Neptuno funciona con más poder en Piscis, Sagitario y Cáncer; y con más dificultad en Virgo, Géminis y Capricornio. En los otros seis signos (Aries, Tauro, Leo, Libra,

Escorpio y Acuario), parece haber un término medio entre fácil y difícil.

Los neptunianos tienden a ser psicólogos, idealistas, creativos, sensibles, impresionables y músicos.

Algunas características positivas de la influencia de este planeta son: las experiencias místicas, especialmente la clarividencia; la inspiración, el genio, la devoción y la reverencia. Entre las negativas están: la autoindulgencia, los sucesos caóticos, la inmoralidad, la negatividad, la magia negra y el engaño.

Neptuno gobierna a Piscis. También rige los pies y los dedos de éstos, las condiciones tóxicas, los escapes (especialmente agua), las malformaciones y cualquier cosa que sea difícil de definir.

Neptuno se mueve a través de los doce signos del zodíaco en aproximadamente 165 años, permaneciendo en promedio unos 14 años en cada uno. Avanza de 0 grados a 3 minutos por día, dependiendo del movimiento, si es directo o retrógrado.

La figura 1 muestra que mi Neptuno está en el Leo en la primera casa. Esta es una localización extremadamente poderosa en mi carta; trataremos sobre esto con profundidad más adelante.

Por ahora, tenga en cuenta que este planeta rige la hipnosis, y la primera casa gobierna el cuerpo de la persona, el carácter y la personalidad. Aquí hay un par de realidades respecto a mí: soy un hipnoterapista certificado y he escrito dos libros sobre la hipnosis.

¿Puede verse la conexión?

Plutón

El anuncio del descubrimiento de Plutón fue hecho el 12 de marzo de 1930. Hay muchas cosas acerca de este planeta que aún no se conocen, pues no ha habido suficiente tiempo para estudiarlo. Todos los demás planetas han sido estudiados durante cientos de años. Plutón emplea 248 años para viajar a través de los doce signos zodiacales. Hasta el momento de la escritura de este libro, sólo hemos podido estudiarlo y observarlo a través de la segunda mitad de Cáncer, todo Leo, Virgo y Libra, y los primeros grados de Escorpio. Lo que sí parece evidente es que Plutón afecta a todas las generaciones de personas y no es específicamente importante en las cartas natales individuales.

Sin embargo, la localización de la casa y de los aspectos que crea con otros planetas son bastante importantes para las cartas natales individuales. Plutón, al igual que Urano y Neptuno, puede atraer experiencias psíquicas cuando está fuertemente ligado a otros planetas.

Un Plutón fuerte en una carta indica generalmente una persona destacada, no conformista, que brinda nuevas cosas al mundo. También puede significar mucho dinero y poder para la persona.

Plutón es el gran transformador. Deja atrás lo viejo y lo reemplaza con lo nuevo. Está asociado con los cambios más drásticos, las condiciones forzosas y los movimientos de masas.

En la mitología, Plutón gobernaba el mundo terrenal y fue el primer secuestrador. Fue descubierto en 1930, cuando se extendió el secuestro (por ejemplo el de Lindberg), cuando florecieron el crimen y los gangsters, y el hampa adquirió poder. También Surgieron dictadores como Hitler, Mussolini, Stalin y otros. Plutón gobierna todo esto.

Las huelgas laborales masivas también caen bajo el dominio de este planeta, al igual que la producción industrial. La lista de esta clase de cosas es bastante extensa; Plutón no es una influencia de poco tiempo.

Sobre una base más personal rige el trabajo que no se ve o en aislamiento, la muerte y las desapariciones, la jubilación, el deseo de tirar abajo y reconstruir, el comportamiento sexual y obsesiones secretas.

En general Plutón funciona con más poder en Escorpio y en Acuario; y con más dificultad en Tauro y Leo.

En los ocho signos restantes no se tiene conocimiento suficiente como para afirmar sobre si Plutón funciona fácilmente o con dificultad.

Algunas de sus características básicas son: la percepción extrasensorial, la fortaleza, la intensidad y la reestructuración.

Entre las características positivas se incluyen: espiritualidad, transformación, revitalización y clarividencia positiva. Algunas de las negativas, destrucción, fanatismo, anarquía y atrocidades.

Plutón gobierna a Escorpio. También rige los órganos reproductivos, el recto, las obsesiones, la glándula prostática y las alergias. Avanza a través de los doce signos zodiacales en aproximadamente 248 años, permaneciendo de 14 a 30 años en cada uno. Se mueve de 0 grados a 3 minutos por día, dependiendo del movimiento, si es directo o retrógrado.

La figura 1 muestra que mi Plutón está en Cáncer en la undécima casa. Esta localización indica que trataré con mucha gente, esto es exactamente lo que hago como autor de libros.

Nodos de la Luna

Los nodos de la Luna no son planetas. Hay un Nodo Norte y uno Sur y son puntos calculados en el espacio con base en la posición de la Luna. La localización del nodo Norte está indicada por la efemérides (vea la figura 3 para refrescar su memoria). El nodo Sur está siempre exactamente del lado opuesto al del Norte. Los nodos están siempre en un movimiento retrógrado.

Tenemos un eclipse solar cuando tanto el Sol como la Luna están en conjunción con cualquiera de los nodos. Y un eclipse lunar cuando el Sol y la Luna están en oposición exacta y acompañados por los nodos.

La razón por la que incluyo los nodos en este capítulo en que se trata a los planetas es debido a que su influencia puede ser interpretada como si fueran planetas. En mi opinión, es una influencia menor y no me molesto en interpretarlos a menos que la carta no tenga aspectos mayores y tenga que usar todo lo que esté disponible. Otros astrólogos podrían estar en desacuerdo con mi postura. Cuando comiencen a hacer sus interpretaciones, usen su propio juicio.

Tradicionalmente, se considera que el nodo Norte tiene una influencia similar a la del planeta Júpiter. El nodo Sur se relaciona con Saturno.

El nodo Norte en una carta representa el área donde debería ser dirigido el desarrollo de nuevos talentos.

El nodo Sur indica talentos ya desarrollados. Mi nodo Norte está en Tauro, en mi novena casa conjunta a mi MC y mi Nodo Sur está en Escorpio conjunto a mi nadir (ver figura 1). Interpreto que esto significa que debería concentrarme en ganar dinero (Tauro) en publicaciones (novena casa), pues mi habilidad para escribir (tercera casa) ya está desarrollada. Debería escribir acerca de temas esotéricos (Escorpio), los cuales ya conozco. Esto es exactamente lo que hago ahora.

Los nodos parecen tener alguna asociación con la mente subconsciente. Algunos astrólogos consideran que son puntos kármicos o condiciones del destino. En mi experiencia he encontrado evidencia con la cual saco mi propia conclusión acerca de este aspecto kármico.

Yo trato de mantener la mente abierta y espero que ustedes hagan lo mismo.

Parte de la suerte

Al igual que los nodos, la parte de la suerte tampoco es un planeta; es un punto calculado en el espacio que puede ser interpretado como tal.

Se dice que éste es un punto de la suerte.

Si observa la figura 1, en la parte inferior central, encontrará: PARTE DE LA SUERTE = 25CN11, que es la localización de este punto en mi carta.

Cuando yo estudio los eventos cósmicos de mi vida que están asociados con la buena suerte, a veces está involucrada la Parte de la Fortuna, y a veces no. En cualquier caso, considero ésto como una influencia tan secundaria, que no me molesto en calcularla o interpretarla.

Cuando ustedes utilicen cartas calculadas por computadora, como las que ahora hago, obtendrán dicho dato fácilmente. Es bueno que lo analicen para que vean si es importante en su carta natal.

Interpretaría mi localización como afortunada al tratar con muchas personas (undécima casa), especialmente considerando asuntos psíquicos o domésticos (Cáncer).

Resumen

Hasta aquí han sido tratados brevemente los aspectos más sobresalientes de los planetas. No es de ninguna manera una presentación exhaustiva de los hechos. Yo podría haber escrito fácilmente cuatro veces más sobre cada planeta y aún no habría cubierto todo.

Mi propósito no es dar una cantidad grande de datos, sino en realidad información que sea clave e importante, para que de tal forma se pueda empezar a entender y a usar la Astrología. Para aquellos lectores que deseen saber más, hay cientos de libros sobre el tema.

En este capítulo hice un minianálisis e interpretaciones a fin de que estén preparados para más adelante, en este libro, cuando realice un estudio más profundo.

Al ver cómo se construye e interpreta una carta natal, o sea la mía, podrán hacer lo mismo con las suyas (o con la de otras personas).

capítulo seis

Los Aspectos

Los aspectos han sido mencionados docenas de veces en este libro y usted probablemente tiene suficiente idea de la importancia que tienen los mismos en la interpretación de una carta natal. Más adelante, cuando tratemos específicamente sobre el análisis y la interpretación, me extenderé mucho más en la discusión de los aspectos.

Por ahora, quiero dar una visión amplia y breve sobre los aspectos.

Aquí trataré los aspectos mayores y los menores, a fin de brindar un conocimiento global, pero advierto que los aspectos menores no serán tratados en detalle más adelante.

La conjunción

Este es un aspecto mayor donde dos planetas se encuentran a 8 grados uno del otro. Si tienen una separación de menos de un grado, se considera que los mismos están exactamente en conjunción y este es el momento cuando son más poderosos.

La conjunción puede ser armoniosa (fácil) o no armoniosa (difícil), dependiendo de los dos planetas involucrados.

Las palabras claves para una conjunción son LA PROMI-NENCIA y LA INTENSIDAD pues cada planeta en una conjunción tiende hacer salir las características del otro planeta. Es decir, los dos planetas se vuelven más fuertes de esta manera, se intensifican.

La "intensificación mutua" sólo se aplica a las conjunciones y significa que los planetas involucrados tienen más influencia en el horóscopo debido a que sus poderes se combinan, generalmente de manera beneficiosa.

La conjunción puede mejorar a los atributos mutuos. Por ejemplo, Mercurio junto a Marte dará una mente activa, excepcionalmente aguda.

Una conjunción puede, a veces, tener un efecto comprometedor. Por ejemplo: Saturno en conjunción con Júpiter. El primero tiende a restringir la expansión de Júpiter y éste a su vez tiende a liberar las limitaciones de Saturno. Como resultado, hay un compromiso, menos problemas de los que normalmente Saturno traería, y menos suerte de la que Júpiter normalmente traería.

En la primera casa de la figura 1 se puede encontrar un ejemplo de una conjunción intensa muy poderosa. Mi Neptuno en 29LE23 está sólo a 43 minutos de mi Marte en 00VI06. Puede encontrar los efectos de esta conjunción en el capítulo 13. Este es un ejemplo de dos planetas conjuntos aunque están en signos diferentes, lo cual es posible debido a que Neptuno se encuentra sólo a 37 minutos de estar en cero grados de Virgo.

Si no puede entender esto, diríjase al capítulo 3 donde se tratan los grados y segundos de los signos. Recuerde que hay 30 grados para cada signo: 0 grados hasta 29 grados y 59 minutos hacen un signo. Si adiciona un minuto más, se convierte en 0 grados del siguiente signo.

Otra conjunción en la figura 1 está localizada en la undécima casa. Mi Sol en 12CN05 está a 5 grados y 40 minutos de mi Plutón en 17CN45. Esto entra en el criterio de estar dentro de los 8 grados el uno del otro y por consiguiente se lo llama una conjunción. Sin embargo, a 6 grados de separación, es sólo una conjunción moderadamente poderosa, carece de la intensidad de la conjunción Neptuno-Marte que acabamos de ver.

Otras conjunciones en la figura 1 son:

En la décima casa, Júpiter en 04GE51 está a 4 grados y 21 minutos de la Luna en 09GE42. Bastante fuerte.

En la décima casa, Venus en 26TA31 está a 8 grados y 20 minutos de Júpiter en 04GE51. Esta es una conjunción débil debido a que se encuentra sobre la margen de no ser una conjunción. No tiene mucha intensidad.

Vea si puede encontrar las siguientes conjunciones en la figura 1: Venus con el cielo medio, Neptuno con el ascendente, Marte con el ascendente, el nodo Norte con el MC, y el nodo Sur con Venus.

Las conjunciones adicionan mucha fuerza a cualquier carta natal.

El trino

Este es un aspecto mayor donde dos planetas están separados el uno del otro por unos 120 grados, en más o en menos 8 grados (esto es de 112 a 128 grados). Por supuesto, cuanto más exacta es la influencia, la misma es más poderosa.

El trino es un aspecto muy poderoso y siempre es armonioso (fácil).Los trinos en una carta ayudan a la persona a superar las dificultades de la vida, y a veces traen muy buena suerte.

La palabra clave aquí es SUERTE FACIL. El trino indica de dónde vienen, para una persona, las cosas con poco esfuerzo. Identifica a los talentos naturales y adónde se puede obtener éxito con facilidad.

Se puede encontrar un ejemplo de un trino en la figura 1. Neptuno en la primera casa, en 29LE23, se encuentra a 3 grados y 18 minutos de estar exactamente a 120 grados de Saturno en la cuarta casa, en 26SA06. Este es un trino bastante fuerte.

Otros trinos en la figura 1 son: Marte con Saturno y Saturno con el ascendente.

Ocasionalmente en una carta de horóscopo usted va a ver a tres planetas, cada uno formando un trino con los otros dos. A esto se le llama UN TRINO GRANDE y es permanentemente muy poderoso. Los significados de cada uno de los trinos en UN TRINO GRANDE es el mismo que tienen separadamente. Sin embargo, en la configuración de UN TRINO GRANDE el poder aumenta muchas veces y supera a la mayoría, o a casi todos los aspectos no armoniosos que estén en la carta del horóscopo.

Sextil

Este es un aspecto mayor donde dos planetas están separados por 60 grados, en más o en menos 8 grados (de 52 a 68). Este siempre es un aspecto armonioso, pero no tan poderoso como un trino. La palabra clave para el sextil es LA OPORTUNIDAD.

Los sextiles muestran adónde está la oportunidad y la suerte a través de la acción. Para que los sextiles traigan suerte o resultados, se debe actuar, generalmente trabajar para ello. A la inversa, el trino trae buena suerte con poca o ninguna acción de nuestra parte.

Un ejemplo de un sextil en la figura 1 es el sextil Luna con Urano. Este es un sextil bastante fuerte debido a que los dos planetas se encuentran a 1 grado y 37 minutos de estar exactamente separados 60 grados.

Otros sextiles de la figura 1 son: el sextil de Plutón con el nodo Norte, y el sextil de Plutón con el MC.

La cuadratura

Este es un aspecto muy importante donde dos planetas están separados 90 grados, en más o en menos por 8 grados (de 82 a 98 grados). Es un aspecto muy poderoso y el más difícil y potencialmente destructivo de todos. El término clave para la cuadratura: LOS OBSTACULOS.

Las cuadraturas dan mucha energía a la carta y mantienen muy ocupadas a las personas al tratar de superar los obstáculos. Si usted aprende a usar esta energía constructivamente, las cuadraturas son bastante convenientes. De otra manera, pueden hacer que no progrese o que quede desplazado. El efecto de ellos depende completamente de su actitud. Si usted es una persona negativa, un montón de cuadrados en su carta, pueden hacer que su vida sea un infierno.

Las cuadraturas en una carta indican adónde una persona se verá obligada a luchar más y adónde es probable que tenga choques.

He analizado cientos de cartas y nunca he visto la de una persona destacada sin que tenga más de un cuadrado en la misma. Las cuadraturas son absolutamente necesarios para desarrollar la personalidad. La clave es usar la energía de las cuadraturas de una manera positiva y constructiva.

He visto varias cartas que no tienen ni un solo cuadrado. En todos los casos, las personas involucradas han ido a la deriva en la vida, sin siquiera tener un logro pequeño. Parecían estar satisfechos porque la vida no les envió problemas de importancia, pero tampoco lograron grandes recompensas.

Ahora puede ver por qué no considero que las cuadraturas sean "los chicos malos de la Astrología", como piensan algunos astrólogos. Yo creo firmemente que necesitamos desafíos, obstáculos y problemas para conseguir lo mejor de la vida. Las cuadraturas nos ofrecen tales cosas.

En la figura 1 podrá ver un ejemplo de un cuadrado. Mi Sol en 12CN05 en la undécima casa está a 46 segundos de ser un cuadrado exacto con mi Urano en 11AR19 en la octava casa. Este es un cuadrado extremadamente fuerte.

Otros cuadrados de la figura 1 son: Urano con Plutón, Venus con Marte, Venus con Neptuno, Marte con Júpiter, Júpiter con Neptuno y Venus con el ascendente.

Una que otra vez podrá ver cuatro planetas en una carta, cada uno formando un cuadrado con dos de los otros y una oposición con el tercero. Esto es llamado el "gran cuadrado" y es extremadamente poderoso; coloca muchos obstáculos grandes en la vida de una persona. Cada cuadrado y las oposiciones se interpretan como si estuvieran solos, pero la configuración del gran cuadrado, mucha veces, incrementa el poder. Se necesita mucho trabajo y resistencia para superar las dificultades presentadas por él. Una gran cantidad de personas son derrotadas por esta configuración. Aquellos que aprendan a fluir con la energía y la dirijan en sentido positivo, se convertirán en individuos destacados.

La oposición

Este es un aspecto mayor en el cual hay dos planetas que están separados 180 grados, en más o menos 8 grados (de 172 a 188 grados). Es un aspecto difícil, pero no tanto como la cuadratura. Las palabras claves para la oposición son LA COOPERACION o EL CONOCIMIENTO.

La oposición indica las áreas adonde hay necesidad de balancear las fuerzas o las circunstancias opuestas, para poder encontrar un buen término medio. Siempre hay cierta dificultad para hacer esto. Se deben hacer muchos ajustes para lograr usar bien las energías que son creadas por las oposiciones.

A través de los enfrentamientos causados por las oposiciones, usted tiene la oportunidad de ganar un mayor conocimiento de sí mismo y de los demás.

La oposición crea empujes y tirones en la vida y sólo aprendiendo a cooperar se puede solucionar esto satisfactoriamente.

En la figura 1 hay un ejemplo de una oposición. Mi Mercurio en 20GE42, en la décima casa, está en oposición con mi Saturno en 26SA25 en la cuarta casa. Esta oposición está a 5 grados y 24 minutos de ser exacta y es sólo moderadamente fuerte. Básicamente me dice que necesito aprender a disciplinar mi mente. Ya que no es un aspecto poderoso en mi carta, ese no fue un gran problema para mí, aunque lo enfrenté y solucioné muchos años atrás.

No hay más oposiciones en mi carta.

Semisextil

Este es un aspecto menor donde dos planetas están separados en 30 grados, en más o en menos 3 grados (27 a 33 grados de separación). La palabra clave aquí es COLABORACION.

El semisextil es considerado menos poderoso que el sextil.

Hay varios semisextiles en la figura 1. Uno de ellos lo conforman el Sol y la Luna, los cuales están separados 32 grados y 23 minutos. Un aspecto bastante débil.

Semicuadratura

La semicuadratura es un aspecto menor, dos planetas están separados 45 grados, en más o en menos 3 grados (42 a 48). La palabra clave para este aspecto es FRICCION.

La semicuadratura es como la cuadratura, pero es considerado menos poderoso; es un aspecto no tan frustrante.

Hay varios semicuadraturas en la figura 1; entre ellos se encuentra el de Venus y el Sol, los cuales están a 34 segundos de ser un aspecto exacto y fuerte.

Sesquicuadrada

Este es un aspecto menor, dos planetas están separados en 135 grados, en más o en menos por 3 grados (132 a 138 grados). La palabra clave para la sesquicuadrada es LA INQUIETUD. Introduce obstáculos menores que son más una inquietud que un problema serio.

Sólo hay un sesquicuadrado en la figura 1 y está entre Urano y el ascendente, los cuales se encuentran a 1 grado y 14 minutos de ser exactos. Este es un aspecto moderadamente fuerte.

Quincunce

Este es un aspecto menor donde dos planetas están separados 150 grados, en más o en menos 3 grados (147 a 153). La palabra clave aquí es EL CRECIMIENTO.

El quincunce es probablemente el aspecto menor más importante, y vale la pena observarlo en las cartas natales.

Este aspecto indica los problemas que el individuo debe manejar, adquiriendo así madurez y aumentando la confianza en sí mismo (crecimiento). Puede ser severo o moderado, dependiendo de los planetas involucrados. Si el ascendente compone aspecto de este tipo, puede indicar problemas de salud.

Sólo hay un quincunce en la figura 1 y está entre Venus y Saturno, los cuales están sólo a 25 segundos de ser exactos. Este es un aspecto muy poderoso; sentí su influencia varios años, hasta que aprendí a emplear mi tiempo y mis energías satisfactoriamente entre el hogar y el trabajo. Una vez que encontré el equilibrio adecuado, el quincunce no se expresó más.

En este aspecto Saturno representa mi vida laboral (Saturno rige el trabajo y también es el regente natural de la décima casa). Venus simboliza a mi esposa, por consiguiente mi vida familiar.

Además, Venus está localizado en la décima casa de mi vida laboral pública y Saturno, que rige el trabajo, está ubicado en mi cuarta casa (gobierna la vida de hogar). Estas fueron las áreas en las que necesitaba adaptar mi comportamiento para Solucionar ciertos problemas.

capítulo siete

Las Casas

Cada aspecto posible de la vida de una persona está regido por una casa. Por consiguiente, las doce casas de una carta natal representan toda la vida de una persona.

En este libro ni siquiera voy a estar cerca de dar todos los elementos que gobiernan cada casa; la lista sería extremadamente larga y de todos modos la mayoría de los conceptos no tendrían mucho interés. Por ejemplo, ¿a quién le interesa averiguar sobre largos viajes de sus cuñadas? Esta es una de las muchas cosas que se encuentran bajo el gobierno de la quinta casa, y este no es el tipo de temas para discutir aquí.

Lo que enunciaré para cada casa son aquellos conceptos principales que, casi todo el tiempo, se relacionan con la mayoría de la gente. Me restringiré a temas que nos interesan, como la salud, el amor, los hijos, el trabajo, etc.

Los tipos de casas

Angulares

Son las casas primera, cuarta, séptima y décima. Los planetas localizados en ellas tienen un objetivo mayor de acción que los planetas que están localizados en otras casas.

Cuando la mayoría de los planetas en la carta natal de una persona están en las casas angulares, ello significa que hay una ubicación importante en el mundo.

Primera: el carácter personal.
Cuarta: la parte final de la vida.
Séptima: la suerte en el matrimonio.
Décima: el reconocimiento público.

Si observa la figura 1, usted podrá ver un trozo de la carta y en la parte inferior el título que lleva el nombre "CASAS". Ello muestra siete planetas en las casas angulares (ANG), dos en la primera, uno en la cuarta y cuatro en la décima. La mayoría abrumadora de los planetas de mi carta están en las casas angulares.

Sucedente

Estas son las casas segunda, quinta, octava y undécima. Los planetas localizados en ellas tienden a dar estabilidad, fuerza de voluntad, firmeza de objetivos, pero no una gran actividad.

Cuando la mayoría de los planetas en la carta de una persona están en las casas de este tipo, ello significa que ésta puede ser testaruda e intransigente.

La figura 1 muestra que tengo tres planetas en casas sucedentes (SUC) uno en la octava y dos en la undécima.

Cadentes

Estas son las casas tercera, sexta, novena y duodécima. Los planetas localizados en ellas generalmente expresan muy poca actividad; tienen tendencia al pensamiento, la comunicación de ideas y la habilidad de congeniar con las personas.

Cuando la mayoría de los planetas en la carta de una persona están en las casas cadentes, en general hay muy poco reconocimiento público (si lo hay). La persona probablemente terminará la mayor parte de una empresa, pero alguien más tendrá el crédito.

La figura 1 muestra que no tengo planetas en las casas cadentes (CAD).

Las casas de función

Las casas de la vida

Estas son la primera, quinta y novena casa. Representan energía dinámica, entusiasmo, motivación, poder, convicción religiosa. La primera es uno mismo, la quinta los hijos y la novena la filosofía de vivir. Estas casas son la triplicidad del fuego.

Las casas del final

Son la cuarta, octava y duodécima casa. La cuarta representa el final de la vida o de un asunto. La octava indica muerte y regeneración. La duodécima representa el subconsciente, el karma y lo que se trae a esta vida. Estas casas son la triplicidad del agua.

Las casas de las sustancias

Son la segunda, la sexta y la décima. La segunda representa la acumulación de dinero y bienes muebles. La sexta indica la facilidad de trabajo u ocupación. La décima representa el empleador, o profesión, reputación y honores. Estas casas son la triplicidad de la tierra.

Las casas de las relaciones

Son las casas tercera, séptima y undécima. Estas describen la relación de la persona en la comunidad como sigue: la tercera representa relaciones con parientes y vecinos; la séptima indica relaciones con compañeros (matrimonio y negocios); y la undécima describe relaciones con amigos y organizaciones. Estas casas son la triplicidad del aire.

Las doce casas

Primera casa

Personas en la primera casa: usted, el ser, su cuerpo.

Asuntos de la primera casa: el comienzo, el autointerés, el presente, el ambiente inicial.

Reglas de la primera casa:

1. La cabeza y la cara.

2. Su cuerpo y la apariencia de éste, incluyendo la estatura, el aspecto externo, el atractivo, la fortaleza, la energía, la constitución física, las anormalidades (si las hay), el porte y la gracia, la coordinación, los deseos físicos, etc. En pocas palabras, todo lo concerniente a su cuerpo.

3. Sus asuntos personales.

4. Su personalidad.

5. Su actitud y visión de la vida.

6. La impresión que da a los demás.

7. Su ambiente personal.

8. Su vida privada.

9. El conocimiento de uno mismo.

Algunas ocupaciones: Soldados, exploradores, pioneros.

Segunda casa

Personas en la segunda casa: banqueros, inversionistas, todos aquellos que manejen dinero.

Asuntos de la segunda casa: dinero, libertad personal, bienes muebles, adquisiciones.

Gobierno de la segunda casa:

1. El cuello, la garganta y la base del cráneo.

2. Autoconservación.

3. Dinero y posesiones ganados por sí mismo.

4. Su dinero, finanzas, bienes muebles, etc.

5. Prestar y tomar prestado.

6. Multas.

7. Ganancia financiera.

8. Cómo recibe y da.

Algunas ocupaciones: Contadores, banqueros, corredores de bolsa.

Tercera casa

Personas en la tercera casa: hermanos, hermanas, vecinos.

Asuntos de la tercera casa: comunicaciones, viajes cortos, la mente consciente.

Reglas de la tercera casa:

1. Brazos, muñecas, manos, dedos, hombros, pulmones, glándula tiroides y sistema nervioso.

2. Sus hermanos, hermanas y vecinos.

3. Su mentalidad, cómo funciona su mente.

4. Su energía nerviosa.

5. Su fuerza de voluntad.

6. Transporte.

Algunas ocupaciones: escritores, oradores, vendedores, profesores, subastadores, reporteros, secretarias, anunciadores de radio.

Cuarta casa

Personas en la cuarta casa: padres, proveedores, patrones.

Asuntos de la cuarta casa: vivienda y hogar, tierras, cuestiones familiares, final de la vida, terminación de un asunto.

Reglas de la cuarta casa:

1. Estómago, sistema digestivo, pechos, costillas.

2. Su hogar, ambiente familiar.

3. Tierras, bienes inmuebles, propiedades, minas.

4. Progenitor de su sexo opuesto.

5. El final de su vida.

6. La terminación de distintos asuntos (por ejemplo, el fin de una relación amorosa, o el fin de un trabajo).

7. Su tumba (lugar de descanso final).

8. Su sentido de seguridad.

9. Circunstancias en su vida posterior.

10. Su base de operaciones.

Algunas ocupaciones: Cocineros y chefs, mayordomos y criadas, nutricionistas, mineros.

Quinta casa

Personas en la quinta casa: niño, amante, artista, jugador.

Asuntos de la quinta casa: relaciones amorosas, niños, talento, entretenimiento, juegos, deportes.

Reglas de la quinta casa:

1. El corazón.

2. Sus relaciones amorosas (no relaciones sexuales).

3. Sus niños.

4. Los deportes.

5. Los pasatiempos.

6. La relajación y el entretenimiento.

7. Los juegos (las apuestas).

8. La educación.

9. Los juegos de todo tipo.

10. La creatividad.

11. El ego para dejar atrás algo suyo cuando muera.

12. El teatro y otros entretenimientos.

Algunas ocupaciones: Actores y actrices, artistas profesionales en general, atletas profesionales.

Sexta casa

Personas en la sexta casa: doctores, enfermeras, propietarios, obreros.

Asuntos de la sexta casa: enfermedad, trabajo, servicio.
Reglas de la sexta casa:

1. Los intestinos.

2. Las condiciones de trabajo.

3. Su estado general de salud.

4. Sus empleados, sus subordinados, etc.

5. Su susceptibilidad a enfermarse.

6. El servicio que puede brindar.

7. Las obligaciones y los trabajos desagradables.

8. La ropa.

9. La dieta.

10. Los animales pequeños, domésticos y salvajes.

11. El amor por los animales.

12. La manera en la cual realiza sus obligaciones.

13. El trabajo en general.

14. Las herramientas usadas para realizar el trabajo.

Algunas ocupaciones: médicos, enfermeras, en general todos los que trabajan en el campo de la salud.

Séptima casa

Personas en la séptima casa: cónyuge, compañeros, el público, enemigos.

Asuntos de la séptima casa: matrimonio, divorcio, asociaciones, lo público.

Reglas de la séptima casa:

1. Los riñones, la vejiga, la ingle.

2. El matrimonio y las sociedades.

3. La descripción de su cónyuge.

4. El éxito o fracaso en el matrimonio o en las sociedades.

5. Sus enemigos públicos o abiertos.

6. La perversidad sexual.

7. Su trato con los demás.

8. Su comportamiento social.

9. Su conocimiento de los demás.

Algunas ocupaciones: Jueces y árbitros.

Octava casa

Personas en la octava casa: investigadores, personas que tratan sobre los muertos y los asuntos referentes a la muerte.

Asuntos de la octava casa: dinero de otras personas, cirugía, muerte, regeneración.

Reglas de la octava casa:

1. Los órganos sexuales, el recto, la uretra.

2. Las enfermedades venéreas.

3. El deseo sexual.

4. Las causas de muerte.

5. Los asuntos relacionados con la muerte (por ejemplo, herencias, funerales, seguro de vida).

6. Las ganancias o pérdidas por la muerte de otra persona.

7. Los mataderos.

8. La cirugía y las autopsias.

9. Las morgues.

10. El dinero de otras personas.

11. Las experiencias esotéricas.

Algunas ocupaciones: Carniceros, funerarios, verdugos, patólogos; cualquier ocupación relacionada con muerte.

Novena casa

Personas en la novena casa: forasteros, editores, el clero, diplomáticos.

Asuntos de la novena casa: viajes largos, imprenta y publicación, ley, tribunales, religión, asuntos exteriores, educación superior.

Reglas de la novena casa:

1. Las caderas, los muslos, las nalgas, el nervio ciático.

2. La religión y las actividades relacionadas.

3. Su filosofía, creencias, e inclinaciones espirituales.

4. Los tribunales, la ley, el sistema jurídico.

5. Las experiencias psíquicas.

6. La educación superior.

7. Los viajes largos, y al extranjero.

8. Los animales grandes, domésticos y salvajes.

9. Los lugares muy lejanos de su tierra natal.

10. La iglesia.

11. Las ideas superiores, la conciencia en expansión.

Algunas ocupaciones: clérigos, abogados, diplomáticos, impresores, editores.

Décima casa

Personas en la décima casa: empleador, padres, presidente, persona a la cabeza (quien está a cargo).

Asuntos de la décima casa: carrera, reputación, actividad, honores.

Reglas de la décima casa:

1. Las articulaciones, las rodillas, la estructura esquelética, los dientes.

2. Su vida pública (esta es la casa más pública).

3. Su verdadera profesión, negocios, vocación, o forma de ganarse la vida.

4. Su ambición.

5. Cómo lo ve la gente.

6. Su reputación, reconocimiento y honores ganados por usted.

7. Recompensas del karma.

8. Su posición en la comunidad.

9. Su progenitor del mismo sexo.

10. Las personas con poder (los presidentes, los reyes, los funcionarios).

11. Sus objetivos, aspiraciones, logros, ascensos.

12. Los negocios.

13. Su autoridad.

Algunas ocupaciones: políticos, líderes en los negocios, administradores, directores; cualquier posición de liderazgo o poder.

Unidécima casa

Personas en la undécima casa: amigos, contactos sociales, asesores, el público.

Asuntos de la undécima casa: esperanzas, deseos, amigos, grupos, organizaciones.

Reglas de la undécima casa:

1. Los tobillos y las pantorrillas.

2. Sus esperanzas y deseos.

3. Sus gustos y aversiones.

4. Sus amigos.

5. El idealismo.

6. La manera cómo interactúa con las masas.

7. Los clubes y las organizaciones, especialmente de naturaleza humanitaria.

8. Su habilidad para superar los obstáculos.

9. Su reputación en los asuntos de dinero y como ganador.

10. Cualquier clase de organización a la cual pertenezca.

Algunas ocupaciones: Cualquier trabajo humanitario.

Duodécima casa

Personas de la duodécima casa: las viudas, los huérfanos, los enemigos secretos.

Asuntos de la duodécima casa: las instituciones, el escapismo, la autoperdición, la subversión, el subconsciente.

Reglas de la duodécima casa:

1. Los pies y los dedos de éstos, la flema y la mucosidad.

2. La autoperdición, la ruina, los malos hábitos.

3. Las prisiones.

4. Los hospitales.

5. Los secretos.

6. Los enemigos secretos.

7. Los trabajos y las actividades clandestinas.

8. Los confinamientos en instituciones.

9. Las limitaciones y restricciones de todo tipo.

10. El lado oculto de su vida.

11. El crimen.

12. Las desgracias, los problemas, las pérdidas, el dolor, etc.

13. Sus tareas más difíciles y las batallas más duras.

14. Las cosas que debe reSolver por sí mismo.

15. Los animales feroces que podrían herirlo.

   Algunas ocupaciones: cirectores, guardias de prisión, espías, ladrones.

segunda parte

Cómo trazar una carta natal

capítulo ocho

El método moderno: por computadora

Hay tres formas de trazar una carta natal: por computadora, procedimiento que trataremos en este capítulo; por el método "a ojo", que veremos en el capítulo 9; y por cálculo matemático, que trataremos en el capítulo 10.

Cada método tiene sus ventajas y sus desventajas. Usted puede evaluar uno u uno y elegir el (los) métodos que prefiera. Muchas veces yo he usado los tres, pero me inclino firmemente por las cartas generadas por computadora.

Hasta el momento si observa la Fig. 1 varias veces, podrá ver cómo aparece una carta generada por computadora. La figura 4 es la carta de mi esposa, que ha sido generada por una computadora y que incluyo debido a que muestra una característica importante que no he mencionado anteriormente.

Esta figura ilustra una carta natal con signos interceptados. Hasta ahora, hemos tratado las cartas con un signo diferente en la cúspide de cada casa, o sea doce casas, cada una gobernada por un signo zodiacal diferente.

Una carta con signos interceptados tiene algunos signos en las cúspides, y otros que no aparecen en ninguna; estos últimos están contenidos completamente dentro de alguna casa —están "interceptados" en ella.

Observe la figura 4. Busque el ascendente (ASC); tiene a Tauro en la cúspide de la primera casa.

Avanzando en sentido contrario al de las manecillas del reloj, mire la cúspide de la segunda casa; tiene a Géminis sobre ella. Observe la tercera casa; también tiene a Géminis.

Más adelante verá que la sexta casa tiene a Virgo, pero la séptima a Escorpio. ¿Qué sucedió con Libra, que aparece entre Virgo y Escorpio?

Libra cae completamente dentro de la sexta casa, o es interceptada por ella. La sexta es realmente una casa grande en esta carta, que tiene aproximadamente 41 grados.

La duodécima casa, al lado opuesto, también tiene 41 grados debido a que Aries está completamente contenido (interceptado) en ella.

Luego, en esta carta, las casas segunda y tercera están regidas por Géminis, la octava y la novena por Sagitario. Libra y Aries son interceptados por la sexta y duodécima respectivamente.

Esto es lo que se conoce como "una carta natal con signos interceptados". A veces oirá el término "signos capturados", que es lo mismo que signos interceptados.

Los signos interceptados son interpretados de la misma forma que en cualquier otra carta y se aplican las mismas reglas. Usted debe saber qué son puesto que de otra manera podría pensar que se equivocó al elaborar una carta con este tipo de signos.

Los signos interceptados son muy comunes, y ocurren principalmente en cartas para localizaciones muy al norte o al sur. Observe que mi carta en la figura 1 es para Toledo, Ohio, U.S.A. y la de mi esposa (figura 4) es bastante al Sur de U.S.A., en Nueva Orleans.

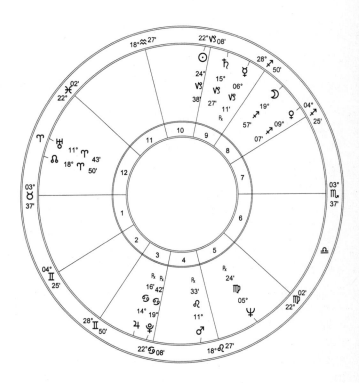

Figura 4. Carta natal con signos interceptados

Las ventajas de una carta generada por computadora son:

1 Se genera rápidamente.

2. Brinda una gran cantidad de información adicional.

3. Es extremadamente precisa.

Es importante suministrarle a la computadora una información exacta. Los datos que se necesitan para obtener una carta precisa son:

1. El día, mes y año de nacimiento.

2. La hora exacta de nacimiento (asegúrese de indicar si fue de mañana o de noche). Este dato usualmente aparece en el certificados de nacimiento.

3. El lugar de nacimiento (ciudad, estado, país).

4. El uso horario y cualquier cambio debido a las horas de verano, al tiempo de guerra, etc.

Mucha gente no sabe el momento de su nacimiento. Si no sabe la hora exacta, puede usar siempre las 6 de la mañana y así obtener una carta natal razonablemente precisa. Esto provee una carta natal "solar", que puede suministrar una información valiosa, aunque no tan completa o exacta como la creada con la hora precisa.

Luego la computadora hará el resto de los cálculos; ésta tiene incorporado efemérides y fórmulas para convertir el tiempo.

Las efemérides contienen localizaciones en Greenwich, Inglaterra, que es longitud cero. Por consiguiente, la computadora debe hacer la conversión al tiempo y al lugar del nacimiento, compensando la curvatura de la tierra y algunas otras cosas. Es bastante complejo.

La computadora además resuelve las cúspides de las casas por signo y grado, otro proceso que también es complejo.

Todo el proceso me lleva aproximadamente 10 minutos, cuando lo hago en mi computadora, pero es más rápido en programas más modernos. En cambio cuando realizo el procedimiento a mano, me lleva varias horas.

Con una computadora también es posible tener programas de Astrología adicionales que imprimen una interpretación de 10 a 12 páginas. Estas interpretaciones son bastante buenas, pero no sustituyen al análisis que hace un astró idóneo. Para que usted tenga una idea cómo es una carta interpretada por computadora, puede mirar la figura 7.

La computadora hace ahorrar una enorme cantidad de tiempo. Más adelante hablaré acerca de la interpretación de una carta que no hubiera podido desarrollar sin el uso de una computadora, debido al enorme trabajo a realizar.

Sin embargo, su uso también tiene desventajas.

1. La computadora y el software son costosos, aún si ya la tiene, el precio de los programas de Astrología son bastante caros.

   Mi computadora nueva era barata en 1983, momento en que la compré. La misma me costó aproximadamente unos US$1.500 con todo el hardware que necesitaba (CPU, monitor, dos drives, una impresora de matriz de puntos, y una impresora de mayor calidad). El costo total, con los accesorios, fue de unos US$3.000, con una gran rebaja que obtuve (aprendí de mi esposa).

   El costo del software fue de US$900; adquirí dos programas: uno para crear cartas, y uno para imprimir interpretaciones.

   Los precios del hardware y del software han bajado desde entonces, pero aún así son costosos.

2. Si compra las cartas por correo, o a un revendedor local, entonces debe esperar. Los vendedores al por menor usualmente pueden suministrar el servicio el mismo día o al siguiente. Por correo, podría esperar muchos días o semanas. Sin embargo, las cartas no son caras.

Les recomiendo a los principiantes que compren las cartas natales, aunque tengan que esperar para conseguirlas. No deben gastar dinero en una computadora y en software hasta que sepan con seguridad que tienen interés en la Astrología, de lo contrario el gasto no se justifica (vea el ofrecimiento de una carta natal especial gratis en la última página del libro).

Yo realicé cientos de cartas calculadas manualmente durante unos 11 años, antes de adquirir una computadora. ¡No espere tanto tiempo!

Más adelante le daré información sobre dónde puede comprar cartas natales por correo y a un precio razonable.

Si vive en una ciudad (o cerca de ella) que tenga una librería metafísica, puede descubrir que ésta posee el equipo y vende cartas natales.

Después de leer este libro, analice todo con paciencia y decida qué es lo que le conviene más.

Anteriormente había prometido hablar sobre una carta natal que no hubiera podido trazar de no haber tenido una computadora.

Poco tiempo después de haber comprado mi computadora y los programas de Astrología, un hombre y una mujer (antiguos clientes míos) me pidieron que los ayudara a decidir el mejor día de nacimiento de su bebé.

Estos son los hechos:

1. El bebé iba a nacer por cesárea, debido a la condición física de la madre.

2. El médico les dijo que podría nacer en cualquier momento, dentro de un período designado de dos semanas.

3. La única restricción era que el médico operaría sólo entre las 7 y las 10 de la mañana, de lunes a viernes. Esto redujo el potencial de días de nacimiento a 10 días calendario y dentro de las 3 horas en cualquiera de esos días.

Mer–Cuadr.–Sat.

Tienes muchas dificultades para organizar tus pensamientos y tu falta de disciplina es un obstáculo constante tanto para tí como para los demás. E estudio y el autocontrol no son tu fuerte. Sabes decir cosas que son totalmente necesarias y tienes problemas para que tus ideas sean consecuentes y pragmáticas.

Algunas de tus ideas son totalmente irresponsonsables. Los obstáculos mentales pueden ser una constante pesadilla para tí.

Merc–Semisextil–Nept.

Eres una persona experta al utilizar palabras que tienen significado místico y mitológico. En este ámbito te sientes como en tu casa y siempre te las arreglas para llevar las ideas espirituales al ámbito de lo práctico. Estarías bien en el campo de la enseñanza religiosa y también en el de la filosofía ya que no puedes evitar hablar sobre estos temas e interesar a todos los que te conocen. Logras ver la unidad que existe más allá de las apariencias, lo que junto a tu habilidad para expresarte, hace de tí una persona valiosa y nada común. Serías ideal para lo espiritual, ya que te gusta trabajar con todo lo psíquico.

Venus: valores y sentido de la selección

Venus rige nuestros valores y el sentido de apreciación. Cuando apreciamos algo, ya sea a otra persona o un objeto nuevo, por ejemplo un automóvil, es Venus, el sentimiento de amor y de compasieon que podemos sentir. Del mismo modo, este planeta rige la diversión. Ya sea que se trate de la autovaloración o del disfrutar solamente del pasar un momento agradable, éste es Venus. Cuando salimos de compras o a divertirnos, es Venus que nos permite apreciar y valorar todas las cosas de la vida.

Venus–Esc.

Persona apasionada, nunca eres indiferente en el amor, ya sea o no ardiente. Te enamoras del misterio, de los secretos y de la intriga, de cosas superficiales. Tienes un magnetismo personal y la manera en que eres fiel raya con la posesividad. No te aburres nunca. Disfrutas del dinero y de las influencias. Te gusta la política.

Sol–Semicuadratura–Venus

Tus deseos te meten en problemas de vez en cuando. Valoras las cosas que no siempre van en favor de tus intereses. Tu ambicieon y deseo de crecer y de progresar no toma en cuenta a veces la escala de valores.

Mer–Semisextil–Venus

Utilizas palabras encantadoras y tienes una aptitud especial para la descripción (lo artístico en todas sus manifestaciones). Posees un instinto especial de calidez y bondad así como la habilidad de expresarlo. Persona agradable para gozar de su compañía. Excelente gusto en literatura y en materias artísticas. Persona armoniosa.

Figura 5. Interpretación generada por computadora (Matrix)

4. El médico estaba de acuerdo en hacer la incisión en el momento en que los padres desearan, a fin de tener la fecha de nacimiento que ellos querían.

Tuve que trabajar rápido, pues sólo tenía un par de días para hallar la mejor fecha de nacimiento. Por supuesto, le pregunté a los padres qué querían exactamente en su hijo, y usé esa información durante la investigación.

Primero generé una carta para las 8:00 de la mañana (el punto medio) de cada día y estudié los resultados. Soy bastante bueno para estudiar las cartas con el método "a ojo" y pude ver las tendencias y los cambios. Esto me permitió eliminar en seguida cerca de la mitad de los días, a causa de aspectos severos, período de Luna llena, o aspectos débiles.

Luego generé docenas de cartas con los días restantes, e hice más eliminaciones.

Finalmente obtuve la mejor hora: 8:05 de la mañana del siguiente martes. También hallé algunas horas opcionales muy buenas. Discutí todas las opciones con los padres, y su elección a las 8:05 del martes.

El resultado: el niño nació exactamente a las 8:05 de la mañana. Hablé con mis clientes varios años después, y me confirmaron que su hijo era exactamente como anuncié que sería, basado en el análisis astrológico. Me dijeron que era un niño perfecto. Luego me solicitaron que hiciera lo mismo para su segundo hijo, que iba a nacer dentro de unas pocas semanas.

Esta fue una experiencia excitante para mí; sentí que había ayudado a crear al bebé.

Sin la computadora no habría podido hacer los cientos de cálculos, y compilar docenas de cartas en el tiempo que disponía.

La Astrología es emocionante.

capítulo nueve

El método "a ojo": la forma rápida

El método "a ojo" es un procedimiento rápido para crear una carta natal por aproximación, que obviamente no es tan precisa como la carta por computadora o a mano.

La ventaja es la rapidez del método, y que no requiere una computadora costosa, o libros de referencia como en el caso de los cálculos hechos a mano.

La desventaja es que las cartas generadas por este procedimiento carecen de perfección y de exactitud.

Método "a ojo": los planetas

Necesitará conseguir una efemérides. Para poder mostrarle cómo funciona este método, usaremos la página de efemérides de la figura 3, y la misma información de nacimiento utilizada en la carta computarizada de la figura 1, de tal forma que pueda comparar los resultados.

Recuerde que la fecha de nacimiento es el 4 de julio de 1929, y la hora es las 9 de la mañana (EST). Aquí el lugar de nacimiento no es importante.

Primero escriba la localización de los planetas para el 4 de julio de 1929, como aparece en la página de la efemérides de la figura 3. Esto es como sigue:

Sol 11CN31	Nodo norte 18TA31	Luna 01GE04
Mercurio 20GE07	Venus 25TA56	Marte 29LE45
Júpiter 04GE44	Saturno 26SA07R	Urano 11AR18
Neptuno 29LE22	Plutón 17CN44	

Ahora usted debe tomar algunas decisiones. Sabe que los planetas Júpiter, Saturno, Urano, Neptuno y Plutón (planetas pesados) se mueven tan lento que hay muy poco cambio de un día a otro. El nodo norte tampoco varía mucho día a día. Para aplicar este método, tome la lectura directamente de la efemérides para los planetas pesados y el nodo norte.

Luego observe las localizaciones de los cinco planetas restantes para el día siguiente, o sea el 5 de julio. Si alguno de ellos ha cambiado su signo el día siguiente, escriba dicho dato, pues necesitaremos hacer una interpolación. Puede observar que Marte cambió a Virgo el 5 de julio; por ahora sólo escriba Marte 00VI21.

Ninguno de los otros planetas cambió de signo, así que puede usar sus localizaciones en el 4 de julio, excepto en el caso de la Luna, pues se mueve muy rápido.

Así que para la Luna (siempre), y Marte en esta carta en particular, debemos interpolar.

Tenga en cuenta que las posiciones mostradas para cada día están a medianoche (el comienzo del día) en Greenwich, Inglaterra. Para nuestro caso, asumiremos que es medianoche en cualquier lugar donde ocurrió el nacimiento. Esto, por supuesto, introduce inexactitud, pero después de todo sólo estamos calculando "a ojo". Ya que la hora de nacimiento es a las

9:00 de la mañana, aproximadamente un tercio del camino del comienzo del 4 de julio al comienzo del 5 de julio. Obtengo esto dividiendo las 24 horas por 9, o sea cerca de un tercio. Recuerde, sólo estamos aproximando.

Observando la efemérides puede encontrar que la Luna se movió unos 14 grados del 4 de julio 4 al 5 de julio. Así que tome un tercio de 14, que es aproximadamente 5, y adiciónelo a la posición de la Luna al comienzo de julio 4.

Por consiguiente, 01GE04 + 5 grados = 06GE04. Esto es lo que usará para la posición de la Luna.

Ahora haga lo mismo para Marte. Este planeta se movió aproximadamente 36 minutos de julio 4 a julio 5. Un tercio de 36 es 12, cifra que adicionará a la posición de Marte en julio 4.

Por lo tanto, 29LE45 + 12 minutos = 29LE57. Esto es lo que usará para la posición de Marte "a ojo".

La siguiente es la comparación de las localizaciones de los planetas calculados "a ojo" con las posiciones calculadas por computadora:

	"A ojo"	Calculado	Error
Sol	11CN31	12CN05	34 minutos
Nodo Norte	18TA31	18TA30	1 minuto
Luna	06GE04	09GE42	3 grados 38 minutos
Mercurio	20GE07	20GE42	35 minutos
Venus	25TA56	26TA31	35 minutos
Marte	29LE57	00VI06	9 minutos
Júpiter	04GE44	04GE51	7 minutos
Saturno	26SA07R	26SA06R	1 minuto
Urano	11AR18	11AR19	1 minuto
Neptuno	29LE22	29LE23	1 minuto
Plutón	17CN44	17CN45	1 minuto

Los datos obtenidos mediante el método "a ojo" son muy cercanos a los que se obtienen por cálculos matemáticos. ¿No le parece? Todos los aspectos importantes entre los planetas son los mismos que los aspectos calculados, por lo tanto en este caso podemos considerar que el método rápido es preciso.

Las diferencias más grandes de la carta anterior están en la Luna (3 grados), aunque el resultado es aún bastante aceptable; y en Marte, que realmente estaba en Virgo, y no en Leo, en la carta natal calculada. Esto causaría una inexactitud al interpretar Marte en signo.

Las inexactitudes son debidas a las diferencias entre la localización del nacimiento (Toledo, Ohio, U.S.A. en este caso), y la efemérides, que es listada para Greenwich, Inglaterra.

Greenwich fue elegido como punto de referencia debido a que está localizado exactamente a una longitud de cero grados. Esto hace más fácil calcular la diferencia en otras longitudes del mundo.

Los factores que deben ser compensados para obtener una carta precisa son: longitud, latitud, curvatura de la tierra, y cambios de husos horarios. Cuando usted tenga más experiencia podrá encontrar también un buen balance para estos factores, y de este modo obtener una aproximación mejor.

Casi siempre uso el método a ojo, pues he aprendido a ser bastante preciso con él, excepto cuando cobro por trazar las cartas.

Ya hemos hallado las localizaciones de los planetas por signo, grado y aspecto.

Ahora necesitamos observar al ascendente (signo ascendente), y luego configurar las casas y ubicar los planetas en ellas.

Método "a ojo": el Sol ascendente

Probablemente usted ha notado que dos personas con el mismo signo solar no son exactamente iguales. De hecho, algunos individuos tienen muy pocos rasgos en común con su signo solar, mientras otros parecen ser una representación exacta de él. Es seguro que usted tiene varias características completamente distintas a las indicadas por su signo. Una de las principales razones para las diferencias es el signo ascendente (o ascendente).

Todos tenemos un ascendente, y es tan importante en la determinación de los rasgos y las características personales como lo es el signo solar.

El ascendente rige la primera casa en el horóscopo de una persona. Esta casa tiene dominio sobre el cuerpo físico, la personalidad, la actitud, los deseos, la perspectiva de la vida, etc. Hay cerca de cuarenta factores importantes bajo el dominio de la primera casa, que es la más personal de todas.

El signo solar establece el patrón básico total de una persona. El ascendente modifica ese modelo para formar un ser único en cada persona. Por supuesto, hay muchas otras cosas que también modifican nuestro signo Solar, pero el ascendente es lo que más influye. Si entiende las características básicas de su signo solar y las de su ascendente, tendrá un conocimiento casi completo de sí mismo.

Obviamente, entenderá también a los demás. Si tiene dos amigos nacidos bajo Cáncer, y uno es descuidado mientras el otro es pulcro, sabrá por qué, mezclando sus respectivos signos ascendentes con el signo Cáncer.

Mezclar signos solares y ascendentes es divertido y se aprende mucho sobre Astrología. Lo más importante es que usted puede aprender mucho acerca de las personas, y lo que realmente es la Astrología natal.

Mezclar signos Solares y ascendentes es como un juego, y sólo necesita tres cosas para jugarlo:

1. Un conocimiento básico de los doce signos zodiacales. Ya ha adquirido dicho conocimiento en este libro, y puede aumentarlo estudiando libros más detallados.

2. Debe saber lo que es un signo ascendente. En breve mostraré una forma fácil y rápida para determinarlo.

3. Debe conocer la hora de nacimiento; si no la sabe con certeza (certificado de nacimiento), pregunte el dato a la madre; una buena aproximación será suficiente para nuestros propósitos aquí. Si esta hora no puede ser determinada, use las 6 de la mañana.

Para estar completamente seguros de los signos ascendentes en un ciento por ciento de los casos, es necesario realizar una carta de horóscopo completa. Esto es complejo, consume tiempo, y no es indispensable para el típico entusiasta de Astrología que quiere disfrutar esta ciencia sin consultar un astróo profesional o generar una carta absolutamente precisa.

He creado un cuadro, mostrado en la figura 8, el cual ofrece un método rápido de observación para determinar un signo ascendente. Este procedimiento no es preciso para el ciento por ciento de las personas, pero sí es exacto para la mayoría de los nacidos en los Estados Unidos o en otros países con latitudes similares.

En el cuadro uso la abreviatura convencional de dos letras para los signos del zodiaco: AR (Aries), TA (Tauro), GE (Géminis), CN (Cáncer), LE (Leo), VI (Virgo), LI (Libra), SC (Escorpio), SA (Sagitario), CP (Capricornio), AQ (Acuario), y PI (Piscis).

Los signos solares están enumerados de arriba a abajo, y los ascendentes de izquierda a derecha en la parte superior del cuadro. El rango mostrado en cada cuadro pequeño es el período

Figura 6: Método "a ojo"
Signos ascendentes

Signo del Sol	AR	TA	GE	CN	LE	VI	LI	SC	SA	CP	AQ	PI
AR	5 A.M.	7 A.M.	9 A.M.	11 A.M.	1 P.M.	3 P.M.	5 P.M.	7 P.M.	9 P.M.	11 P.M.	1 A.M.	3 A.M.
	7 A.M.	9 A.M.	11 A.M.	1 P.M.	3 P.M.	5 P.M.	7 P.M.	9 P.M.	11 P.M.	1 A.M.	3 A.M.	5 A.M.
TA	3 A.M.	5 A.M.	7 A.M.	9 A.M.	11 A.M.	1 P.M.	3 P.M.	5 P.M.	7 P.M.	9 P.M.	11 P.M.	1 A.M.
	5 A.M.	7 A.M.	9 A.M.	11 A.M.	1 P.M.	3 P.M.	5 P.M.	7 P.M.	9 P.M.	11 P.M.	1 A.M.	3 A.M.
GE	1 A.M.	3 A.M.	5 A.M.	7 A.M.	9 A.M.	11 A.M.	1 P.M.	3 P.M.	5 P.M.	7 P.M.	9 P.M.	11 P.M.
	3 A.M.	5 A.M.	7 A.M.	9 A.M.	11 A.M.	1 P.M.	3 P.M.	5 P.M.	7 P.M.	9 P.M.	11 P.M.	1 A.M.
CN	11 P.M.	1 A.M.	3 A.M.	5 A.M.	7 A.M.	9 A.M.	11 A.M.	1 P.M.	3 P.M.	5 P.M.	7 P.M.	9 P.M.
	1 A.M.	3 A.M.	5 A.M.	7 A.M.	9 A.M.	11 A.M.	1 P.M.	3 P.M.	5 P.M.	7 P.M.	9 P.M.	11 P.M.
LE	9 P.M.	11 P.M.	1 A.M.	3 A.M.	5 A.M.	7 A.M.	9 A.M.	11 A.M.	1 P.M.	3 P.M.	5 P.M.	7 P.M.
	11 P.M.	1 A.M.	3 A.M.	5 A.M.	7 A.M.	9 A.M.	11 A.M.	1 P.M.	3 P.M.	5 P.M.	7 P.M.	9 P.M.
VI	7 P.M.	9 P.M.	11 P.M.	1 A.M.	3 A.M.	5 A.M.	7 A.M.	9 A.M.	11 A.M.	1 P.M.	3 P.M.	5 P.M.
	9 P.M.	11 P.M.	1 A.M.	3 A.M.	5 A.M.	7 A.M.	9 A.M.	11 A.M.	1 P.M.	3 P.M.	5 P.M.	7 P.M.
LI	5 P.M.	7 P.M.	9 P.M.	11 P.M.	1 A.M.	3 A.M.	5 A.M.	7 A.M.	9 A.M.	11 A.M.	1 P.M.	3 P.M.
	7 P.M.	9 P.M.	11 P.M.	1 A.M.	3 A.M.	5 A.M.	7 A.M.	9 A.M.	11 A.M.	1 P.M.	3 P.M.	5 P.M.
SC	3 P.M.	5 P.M.	7 P.M.	9 P.M.	11 P.M.	1 A.M.	3 A.M.	5 A.M.	7 A.M.	9 A.M.	11 A.M.	1 P.M.
	5 P.M.	7 P.M.	9 P.M.	11 P.M.	1 A.M.	3 A.M.	5 A.M.	7 A.M.	9 A.M.	11 A.M.	1 P.M.	3 P.M.
SA	1 P.M.	3 P.M.	5 P.M.	7 P.M.	9 P.M.	11 P.M.	1 A.M.	3 A.M.	5 A.M.	7 A.M.	9 A.M.	11 A.M.
	3 P.M.	5 P.M.	7 P.M.	9 P.M.	11 P.M.	1 A.M.	3 A.M.	5 A.M.	7 A.M.	9 A.M.	11 A.M.	1 P.M.
CP	11 A.M.	1 P.M.	3 P.M.	5 P.M.	7 P.M.	9 P.M.	11 P.M.	1 A.M.	3 A.M.	5 A.M.	7 A.M.	9 A.M.
	1 P.M.	3 P.M.	5 P.M.	7 P.M.	9 P.M.	11 P.M.	1 A.M.	3 A.M.	5 A.M.	7 A.M.	9 A.M.	11 A.M.
AQ	9 A.M.	11 A.M.	1 P.M.	3 P.M.	5 P.M.	7 P.M.	9 P.M.	11 P.M.	1 A.M.	3 A.M.	5 A.M.	7 A.M.
	11 A.M.	1 P.M.	3 P.M.	5 P.M.	7 P.M.	9 P.M.	11 P.M.	1 A.M.	3 A.M.	5 A.M.	7 A.M.	9 A.M.
PI	7 A.M.	9 A.M.	11 A.M.	1 P.M.	3 P.M.	5 P.M.	7 P.M.	9 P.M.	11 P.M.	1 A.M.	3 A.M.	5 A.M.
	9 A.M.	11 A.M.	1 P.M.	3 P.M.	5 P.M.	7 P.M.	9 P.M.	11 P.M.	1 A.M.	3 A.M.	5 A.M.	7 A.M.

de tiempo para un nacimiento. Para encontrar el signo ascendente de una persona, ubique su signo Solar en el cuadro, luego localice a través de esa línea el período de nacimiento. La columna en la que se encuentra este período tiene en la parte superior el nombre del ascendente.

Por ejemplo, supongamos que su signo solar es Capricornio, y que usted nació a las 6:15 de la noche. Busque en la columna izquierda la abreviatura CP (Capricornio), luego el rango de tiempo en el cual ocurrió el nacimiento. En este caso sería el bloque de tiempo de 5:00 a 7:00 de la noche. Después lea la parte superior de la columna correspondiente a dicho rango; encontrará que Cáncer es el signo ascendente en este ejemplo.

El tiempo es registrado como estándar. Para los nacimientos durante horas de verano, reste una hora de la hora de nacimiento y use ese dato en el cuadro. Por ejemplo, si su hora de nacimiento es registrada como 7:30 de la mañana DST, use 6:30 de la mañana cuando emplee este método.

Una vez que conozca el signo solar y el ascendente de una persona, podrá fácilmente decir mucho acerca de ella. Todo lo que necesita hacer es estudiar los perfiles de ambos signos y luego mezclarlos. Por ejemplo, suponga que un amigo suyo tiene a Cáncer como signo solar y Leo como ascendente. Los cancerianos tienden a ser tímidos y amantes del hogar. Los nativos de Leo son extrovertidos, presumidos, y les gusta divertirse. Una persona con esta mezcla (Cáncer-Leo) es probable que sea hogareña y amante de la diversión, a quien le gusta la privacidad por un tiempo y luego hace de la vida una fiesta.

Inicialmente debe observar cómo se mezcla su ascendente con su signo solar; esta combinación forma la persona que es usted.

Luego haga lo mismo con los miembros de la familia y los amigos. Se divertirá, fascinará a todos, y en el proceso aprenderá acerca de las personas y la Astrología.

Una nota final acerca del uso del cuadro del signo ascendente; observará que algunas horas de nacimiento pueden caer en dos períodos diferentes de ascendentes. Por ejemplo, una persona de signo solar Aries que nació a las 7 de la mañana podría tener como ascendente a Aries o Tauro. ¿Cómo saber cuál es el correcto?

La regla general para estos límites de tiempo: use el primer signo ascendente si el día de nacimiento está en la primera mitad del período del signo solar; y use el segundo ascendente si el día se encuentra en la segunda mitad de dicho período.

En este ejemplo, lo más probable es que la persona tenga a Aries como signo ascendente si su fecha de nacimiento cae en los primeros quince días de este signo, o sea del 21 de marzo al 4 de abril; y es posible que sea Tauro su ascendente si nació entre los últimos quince días de Aries, es decir, del 4 al 19 de abril.

Hay excepciones para esta regla; la mejor manera de decidir es ver cuál de los dos signos se ajusta a la persona en cuestión, mezclando cada uno de ellos con el signo solar. Tan pronto como lo haga, será obvio inmediatamente cuál es el signo ascendente correcto.

De vez en cuando encontrará individuos que son exactamente como los describe su signo solar. Lo más probable es que la persona haya nacido en el período de salida del Sol (5:00 a 7:00 de la mañana), y su signo Solar corresponde también al ascendente. Estos nacimientos son comúnmente llamados doble Aries, doble Tauro, doble Géminis, etc.

Ya ha aprendido a encontrar las posiciones de los planetas a ojo con base en la información de mi nacimiento, y sabe cómo hallar rápidamente un signo ascendente. El único paso restante es encontrar mi signo ascendente y luego crear una carta con casas y los planetas localizados en ellas.

Trazando "a ojo" una carta natal

Aquí es donde ocurre la inexactitud más grande del método "a ojo" —la creación de las casas. No hay una forma garantizada de trazar "a ojo" las casas y sentirse satisfecho con la precisión.

Con la información de mi nacimiento y usando la figura 8, determine mi signo ascendente. Diríjase a Cáncer en la columna izquierda y luego ubique por esa línea las 9 de la mañana. Ya que esta es una hora límite, usted decide entre Leo y Virgo. Para estos casos, recuerde que debe tener en cuenta la fecha de nacimiento en el período del signo Solar, para escoger el ascendente correcto.

El día de mi nacimiento es el 4 de julio, se encuentra en la primera mitad del período del signo solar. Por consiguiente, mi signo ascendente es Leo, pues aparece antes que Virgo. Pero ¿Cuál es el grado de Leo? Aquí es donde usted hace un cálculo aproximado.

Piense acerca de esto un momento. Usted sabe por la figura 8 que mi hora de nacimiento fue a las 9 de la mañana, es límite con Virgo. Por consiguiente suponga un valor entre los últimos grados de Leo.

Esta es una buena regla general (aun usando mi ejemplo): para las 7 de la mañana emplee 1 grado de Leo, para las 8 de la mañana (el punto medio) use 15 grados, y para las 9 de la mañana 29 grados.

Aplique esta misma lógica a los otros períodos de tiempo para todos los signos ascendentes hallados rápidamente. Con este método la cúspide de su primera casa no tendrá un error mayor a 14 grados en el peor de los casos.

Ahora tome una carta en blanco y escriba en la cúspide de la primera casa 29LE00 (29 grados, 0 segundos de Leo). Este será entonces el signo ascendente para mi carta natal.

Si no tiene un paquete de cartas de horóscopo, puede fácilmente hacer uno. Simplemente coloque un tazón o plato hacia abajo y sobre una hoja de papel; luego trace un círculo alrededor del mismo. Después use una regla para dividir el círculo en 12 secciones; no se preocupe mucho por hacer las divisiones de igual tamaño. Puede marcar las casas iniciando con la primera y siguiendo la numeración en sentido contrario a las manecillas del reloj. Observe las figuras 1, 2, ó 9 para que se dé una idea del esquema general.

Ahora viene la parte más inexacta del proceso completo del método a ojo —ubicar el resto de las casas (de la segunda a la duodécima). No hay una forma de hacer suposiciones precisas. Así que debe realizar el siguiente proceso.

Establezca todas las casas como iguales. Esto es, ponga 29LE00 en la cúspide de la primera casa, 29VI00 en la cúspide de la segunda, 29LI00 en la cúspide de la tercera, y así sucesivamente hasta 29CN00 en la cúspide de la duodécima casa.

Luego ubique los planetas en las casas. La figura 9 muestra cómo debería verse al final su carta.

Compare la figura 9 con la carta computarizada de la figura 1. Hay sólo dos datos que no concuerdan: (1) el Venus hallado por el método rápido cae en la novena casa en lugar de la décima (donde debería estar), y (2) Marte está en Leo, cuando debería estar en Virgo.

Esta es una aproximación muy buena, el método "a ojo" funciona bastante bien. Si usted analizara la carta creada por este procedimiento rápido, el resultado sería asombrosamente cercano al obtenido con la carta computarizada.

Las principales diferencias serían:

1. Marte en Leo me reflejaría como más abiertamente agresivo de lo que realmente soy con Marte en Virgo. También me mostraría menos hábil de lo que soy con el manejo de las palabras.

2. Venus en la novena casa me reflejaría como un candidato fuerte para una vida religiosa, como editor en el negocio de las publicaciones, o apto para el mercadeo, en lugar de mostrarme como un escritor que interactúa con el público, lo que sí refleja mi Venus en la décima casa.

El resto de conceptos serían interpretados prácticamente lo mismo en las dos cartas.

El grado de error con el método rápido, si lo hace bien, es tan mínimo que vale la pena seguirlo. Por supuesto, no doy a entender que este procedimiento reemplace una carta construida con exactitud.

Lo único que no se correlaciona entre las figuras 1 y 9 son las casas. Ninguna de las cúspides obtenidas por el método rápido tiene el grado correcto, y la mayoría incluso están lejos del valor preciso. Sin embargo, se correlacionan con respecto a los signos que gobiernan las casas.

Si usted realizara la carta natal de mi esposa (figura 4) por el método rápido, no obtendría una correlación de los signos en las casas, pues ella tiene dos signos interceptados, y no hay forma de saber eso al usar este procedimiento. Cuando establezca las casas, debe asumir que la rueda será convencional, como la de mi carta natal.

En general, el método rápido da una buena aproximación, con él puede obtener una gran cantidad de información valiosa. Cuando se acostumbre a usarlo, podrá generar una carta en sólo unos cuantos minutos.

En Astrología más avanzada son también analizados los grados exactos en las cúspides de las casas y para todos los

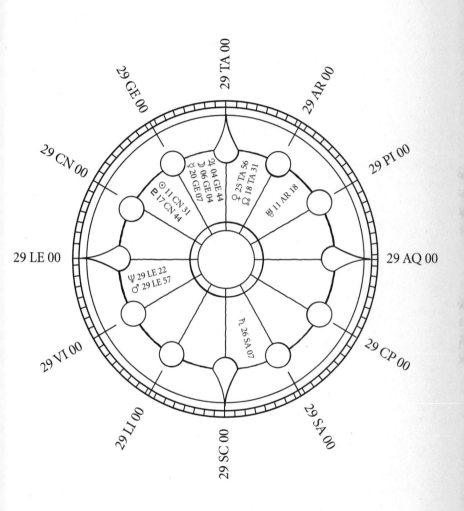

Figura 7. Carta natal calculada "a ojo"

planetas. Esto da un alcance más profundo a la interpretación; analizando los grados se conoce más a fondo la persona en cuestión. Para ello debe crear una carta exacta —no por el método a ojo.

No entraremos a estudiar los grados en este libro, sólo quiero que sepa que tal análisis existe. En la última parte del texto doy referencia de un buen libro para el análisis de grados.

tercera parte

Cómo interpretar una carta natal

capítulo diez

Planetas en los signos

Este capítulo y los tres siguientes dan una referencia que puede ayudar a entender los diversos factores involucrados en la compilación de una interpretación completa de un horóscopo natal.

Por ejemplo, si una carta tiene a Mercurio en Géminis, observe la interpretación breve que se muestra en este capítulo. Combínela con las otras interpretaciones y obtendrá una buena interpretación general para la carta.

Las interpretaciones en estos cuatro capítulos son breves, cubren solamente algunos de los puntos importantes. Para mayor profundidad y más detalles, se deben leer libros extensos especializados sólo en interpretaciones. No obstante ello, lo presentado en este libro provee una información que es lo suficientemente completa y precisa para que los principiantes tengan un excelente inicio en el camino de la Astrología.

El Sol

El Sol en los signos

El capítulo 4 fue dedicado completamente a los signos solares, pues el Sol es el planeta personal más importante en una carta. El mismo no será tratado aquí, excepto para señalar que en cualquier carta representa el ser-cuerpo y la personalidad. Los colores asociados con este astro son el dorado y el naranja. Diríjase al capítulo 4 para más detalles.

Luna

Luna en Aries

Da gran energía a una persona y ambición. Inclina a un individuo a ser impetuoso, valiente y seguro de sí mismo. Las personas con esta influencia no toleran interferencias de los demás; son independientes y hacen lo que desean. Hay usualmente una capacidad de liderazgo.

Luna en Tauro

Estas personas tienden a ser emocionalmente estables. Por el lado positivo, son muy trabajadoras y pacientes, y aprecian las cosas buenas de la vida. Negativamente, los individuos con esta influencia son perezosos, muy testarudos, materialistas y renuentes a cambiar. Estas personas son buenas para manejar el dinero y los asuntos domésticos. A menudo atraen las cosas buenas de la vida.

Luna en Géminis

Esta influencia otorga una inteligencia rápida, habilidad para comunicarse, ya sea en forma hablada o escrita. Negativamente, estas personas pueden no ser confiables. Positivamente, son inteligentes, versátiles, ingeniosas y adaptables. A veces hablan demasiado. Si la Luna está muy afectada por aspectos severos (cuadrados, oposiciones), esto indica mucha confusión y un razonamiento distorsionado. Si tiene aspectos favorables (trinos, sextiles o conjunciones), indica personas ingeniosas con excelente habilidad para pensar y razonar.

Luna en Cáncer

Esta es la posición más poderosa de la Luna. Por el lado positivo, las personas son amorosas, cálidas, maternales y románticas. Negativamente, son demasiado románticas, la manera de manifestar su afecto asfixiante. La seguridad familiar es de vital importancia para estas ellas, y pueden tener un fuerte lazo con sus madres. Usualmente cocinan bien. Son bastante sensibles a los comentarios y a las acciones de los demás.

Luna en Leo

Quieren ser el centro de atención. A menudo son primadonnas. Necesitan reconocimiento, ser admirados y apreciados. Pueden poseer gran amor o ambición. Negativamente, pueden ser presumidos. Positivamente, son entusiastas, responsables, dedicados, buenos y generosos. Tienen tendencia a dominar a los demás. Aman a los niños.

Luna en Virgo

Las personas bajo esta influencia trabajan mucho, ponen gran atención a los detalles y son muy exigentes por la limpieza y la nutrición. Si tiene aspectos favorables otorga ingenio e inteligencia. Si es afectada por aspectos negativos, otorga astucia, y tal vez un toque de codicia. Generalmente estas personas son tímidas y prefieren trabajar discretamente, evitando ser el centro de atracción.

Luna en Libra

Fuerte sensibilidad hacia los demás, especialmente al cónyuge o a los compañeros de trabajo. Con aspectos buenos, estas personas son equilibradas, corteses, humildes y amables. Con aspectos adversos, son desequilibradas, y hacen casi todo de manera extrema. A menudo tienen buena aptitud para los trabajos de relaciones públicas. Es bastante fuerte el vínculo que tienen con sus padres, especialmente con la madre.

Luna en Escorpio

No es una posición favorable para la Luna. Los individuos bajo su influencia van hacia los extremos. Positivamente, pueden ser bastante apasionados y tener gran confianza en sí mismos; pueden ser psíquicos y tener compasión por los demás. Negativamente, pueden ser crueles, testarudos, groseros y egoístas.

Luna en Sagitario

Son optimistas, alegres, y aman el aire libre y los viajes al extranjero. Tienden a ser idealistas, a menudo lo son demasiado. En general siguen las filosofías y religiones tradicionales. Si tiene aspectos adversos, pueden ser nerviosos, inquietos, e inconformes casi todo el tiempo.

Luna en Capricornio

Estos individuos son usualmente ambiciosos, trabajan mucho y tienen como objetivo principal la seguridad económica personal. Son mucho más materialistas que espirituales. Todo lo que hacen es por interés propio. Con aspectos positivos, pueden ser fieles e ingeniosos; con aspectos negativos, pueden ser inescrupulosos.

Luna en Acuario

Indica tratar con el público. Estas son las personas humanitarias que de algún modo se las arreglan para permanecer anónimas. Pueden ser bastante testarudas. A menudo tienen una fuerte habilidad psíquica. La libertad es importante para ellas.

Luna en Piscis

Esta es una posición excepcionalmente psíquica. Estas personas son bastante sensibles y sentimentales. La ubicación de la Luna aquí está a menudo asociada con grandes habilidades artísticas, poéticas o musicales. Debido a la sensibilidad, estas personas se hieren fácilmente por palabras y acciones de los demás. A veces se vuelven neuróticas o psicóticas, y en ocasiones son extremadamente tímidas.

Mercurio

Mercurio en Aries

Una mente aguda y rápida. A veces saca conclusiones impetuosamente sin pensar suficientemente en el asunto. Puede en ocasiones haber cambios de humor rápidos o irritabilidad. Son competitivas y decididas, éstas se basan más en el punto de vista personal que en los hechos. Son inteligentes, pero a veces son egoístas, cambiantes y sarcásticos.

Mercurio en Tauro

Aprecian la belleza. Los procesos mentales que realizan estos individuos son dirigidos a lo práctico, a lo material o a lo que les dé beneficio económico. No son unos brillantes pensadores, tampoco son originales, pero son astutos para los negocios. Frecuentemente son buenos administradores. En casos extremos pueden ser codiciosos.

Mercurio en Géminis

Esta es la posición más poderosa de Mercurio. Su influencia refleja individuos inteligentes que pueden hablar y escribir bien. Los comunicadores profesionales a menudo tienen esta configuración en la carta natal. Poseen mentes excepcionalmente ágiles. Si hay aspectos negativos, puede originarse un nerviosismo agudo. Si estas personas carecen de autodisciplina, pueden tener idea de muchos oficios, pero no dominar ninguno con maestría. Deben evitar desviarse de su objetivo principal.

Mercurio en Cáncer

Aquí se indica el amor por la historia y las antigüedades. Muchos de sus pensamientos se relacionan con la casa y con los asuntos familiares. En los negocios, son muy aptos para los bienes raíces, los alimentos y productos de consumo. Los aspectos adversos en esta posición suelen originar crueldad.

Mercurio en Leo

Capacidad única de liderazgo por el lado positivo. Negativamente, egocentrismo y actitud dominante. Estas personas tienen una gran fuerza de voluntad, y usualmente una mente enfocada en lo que quieren. Sus áreas de interés son el mercado, el teatro, las inversiones, las actividades artísticas y la educación; les gusta combinar los viajes para trabajo y placer. Esta localización también origina gran confianza personal.

Mercurio en Virgo

Mercurio es muy fuerte aquí. Estos individuos son detallistas al extremo y buenos investigadores; sus mentes son analíticas, y tienen gran habilidad de razonamiento. Insisten en la precisión y en el orden. Son eficientes. Se desempeñan mejor cuando tienen una habilidad especializada o están bien educados. Son personas orientadas al trabajo, no pierden tiempo. Tienen aptitud para cualquier trabajo que requiera exactitud. Algunas áreas ocupacionales a las que se ajustan son las matemáticas, la medicina y la higiene.

Mercurio en Libra

Positivamente, estas personas tienen visión y son equilibradas; negativamente, muestran características exactamente opuestas. Algunos campos en los que se desempeñan bien son la Astrología, las relaciones públicas, la psicología y la ley. Trabajan mucho, tienen una forma de pensar austera y esperan que los demás sean de la misma forma. Rechazan la mala educación.

Mercurio en Escorpio

Por el lado positivo son individuos espirituales, sabios y buscan el entendimiento a fondo. Negativamente, son egocéntricos, se interesan sólo por complacer sus deseos físicos. Cuando hablan dicen exactamente lo que piensan, sin importarles cómo les afecta esto a los demás. Esta posición otorga mentes intuitivas y decididas; en casos extremos esta determinación puede crear mentes intrigantes. Aquí hay una gran capacidad para la investigación. Si Mercurio es afectado fuertemente por aspectos adversos, puede haber excesiva preocupación respecto al sexo.

Mercurio en Sagitario

Con esta influencia la mente se interesa en la justicia social, la ley, la religión, la filosofía y la educación superior. No es la mejor posición para este planeta, a menudo hace que se pierda la visión de la verdad. Estas personas tienen frecuentemente el don de la profecía; a veces se preocupan tanto por la conformidad, que se vuelven hipócritas. En ocasiones se consideran una autoridad, que lo saben todo. Necesitan darse cuenta que sólo porque una tendencia actual es popular, no necesariamente significa que sea la correcta.

Mercurio en Capricornio

Las palabras claves aquí son ambición y mente visionaria. También astucia y actitud práctica. Los individuos bajo esta influencia son realistas. En casos extremos, hacen lo que sea necesario para conseguir lo que desean, sin importarles si está bien o mal. Sin embargo, generalmente trabajan mucho con el fin de conseguir la educación que necesitan para tener éxito, y triunfan sin recurrir a acciones clandestinas. No pierden el tiempo con teorías o grandes ideas, piensan sólo en lo que tenga algún valor práctico.

Mercurio en Acuario

Estos son grandes pensadores, conciben ideas a gran escala, a menudo relacionadas con los grupos, como el público. Aquí no se pierde el tiempo con pensamientos de poca importancia. Usualmente son individuos con mentes abiertas que buscan la verdad. Mercurio es fuerte en esta posición, y a menudo otorga una mente altamente desarrollada, intuitiva o relacionada con el mejoramiento de la humanidad. Esta es una ubicación excelente para los astrólogos o las disciplinas esotéricas en general. Estas personas buscan estimulación mental a través de amigos y grupos de gente.

Mercurio en Piscis

Estos individuos usualmente tienen memoria fotográfica y gran imaginación. Son altamente intuitivos y telepáticos; también son compasivos y se dejan influenciar fácilmente por los demás. Por el lado negativo, pueden tener poca fuerza de voluntad o sumergirse en la autocompasión. Si Mercurio es afectado por aspectos adversos, a menudo indica un delirio de persecución.

Venus

Venus en Aries

Estas personas exigen atención personal y tienden a ser egocéntricas. Luchan por sus intereses amorosos con vigor. En la carta de una mujer, indica que ésta es generalmente va detrás de un hombre.

Venus en Tauro

Venus es muy fuerte en esta posición. Por el lado positivo, origina individuos afectuosos y compasivos; negativamente estos son glotones y bruscos. En cualquier caso, siempre realizan las actividades con intensidad. Aman la comodidad, los lujos, la belleza y la buena vida. Suelen mantener hermosas sus casas, frecuentemente con objetos de arte. Algunos cantantes talentosos a menudo tienen esta localización de Venus en la carta natal.

Venus en Géminis

Estas personas suelen casarse más de una vez debido a que necesitan más de una salida para su afecto. Es común que tengan gemelos. Variedad en el amor, variedad en viajes, y variedad en todas las actividades emocionales, son las frases claves. Los influenciados por esta configuración realmente se ofenden por un comportamiento ordinario. A menudo son superficiales en la declaración de sus intereses amorosos.

Venus en Cáncer

Personas con instinto material y autosacrificio. También pueden ser cambiantes y egoístas. Profundamente sensibles con sus intereses románticos. Adoptan una actitud decorosa para cubrir sus sentimientos lastimados. Pueden tener humor variable y ser impredecibles, lo cual puede ser una amenaza para un matrimonio exitoso. Las mujeres con esta configuración son muy domésticas, les gusta cocinar y arreglar la casa. Los hombres con esta posición a menudo cuidan a sus familias como madres.

Venus en Leo

Estos individuos aman el drama. Exponen un comportamiento dramático, nacen románticos y quieren que sus romances sean excitantes. Dramatizan sus emociones, como para ser el centro de la atención. Son muy sociales, por lo general les gusta hacer fiestas. Son cálidos, extrovertidos y afectuosos. También suelen ser leales con las personas que ellos consideran dignas de su lealtad. A veces hacen de primadonna, y en las reuniones sociales se esfuerzan por llamar la atención. Aman a los niños. En algunos casos estas personas son posesivas y celosas. Son usualmente excelentes actores y actrices.

Venus en Virgo

Esta no es la mejor posición para Venus. Usualmente uno de dos extremos la caracterizan. (1) Individuos maliciosos, astutos, demasiado críticos de los demás (nunca de sí mismos), difíciles de tratar, toscos, descuidados y promiscuos. (2) Humildes, tímidos, bien educados, pulcros, limpios, extremadamente fieles, y se sacrifican por los demás. A veces son una mezcla de estos extremos. Probablemente hay más personas solteras con esta posición que con ninguna otra. A menudo da origen a enfermeras, doctores, cocineros y dietistas competentes.

Venus en Libra

Esta es una posición poderosa para Venus. Otorga atractivo físico personal, y encanto hacia el sexo opuesto. El matrimonio es importante para quienes reciben esta influencia, y generalmente tienen muchas oportunidades para casarse. Poseen un fuerte sentido de la justicia; es fácil congeniar con ellos. Son refinados y tienen un entendimiento innato de las otras personas. Las mujeres con esta posición desean ser profundamente queridas, y que sus hombres se comporten correctamente cuando están en público. Esta es una buena posición para éxito en las artes.

Venus en Escorpión

La palabra clave aquí es sexo. Esta influencia origina emociones y deseos sexuales fuertes. Las personas son apasionadas, celosas, reservadas y sensuales. Positivamente, son fieles y persistentes; negativamente, son codiciosas y exigentes. Mantienen su dignidad y orgullo frente a todas las circunstancias. Las mujeres con esta localización usan a veces su atractivo sexual para ganar poder y manipular personas. Son comunes las relaciones amor-odio, y una vez que un romance es roto o se torna frío, nunca es renovado.

Venus en Sagitario

Nunca se sentirá neutral frente a estos individuos; los amará o detestará, debido al potencial de extremos de comportamiento que poseen (o una mezcla de ellos). Por ejemplo, pueden ser abiertos, honestos, francos y religiosos; pero también directos hasta el punto de ofender, crueles, poco prácticos, egocéntricos, hacer cosas sólo por intereses egoístas, o tratar de imponer sus creencias religiosas a los demás.

Usualmente prefieren los deportes al aire libre, aman los caballos, y a menudo buscan casarse con personas del extranjero o incluso de otras razas. También se inclinan por personas con educación superior.

Venus en Capricornio

Ambiciosos, calculadores y formales. A menudo buscan una pareja de matrimonio que les mejore el status de vida. Muestran sus emociones con actos y no con palabras. Son orgullosos y reservados, y a menudo parecen tener pretensiones sociales. En público ocultan las emociones y la sexualidad, pero pueden ser bastante demostrativos en privado. Si se casan jóvenes, muy a menudo buscan una pareja madura; y al contrario, si se casan mayores, frecuentemente prefieren una persona mucho más joven. Son leales a quienes aman. A veces escogen ocupaciones como el comercio de antigüedades, o trabajan en galerías de arte o museos. En casos extremos, se preocupan demasiado por el dinero o el status, excluyendo todo lo demás.

Venus en Acuario

Estos individuos usualmente emanan destellos de energía, y tienen una conducta inusual respecto a los demás. A menudo se sacrifican por otras personas. Por lo general sus romances son repentinos y superficiales, en lugar de estables y duraderos. No desean parejas renuentes a las reuniones o eventos sociales, pues son personas muy inclinadas a estar en grupo. En algunos casos son excéntricos o promiscuos. Escogen ocupaciones en que involucren principalmente la electricidad o la electrónica.

Venus en Piscis

Localización poderosa de Venus. El amor está aquí en su máxima vibración. Gran compasión, y entendimiento del amor y la vida. Son románticos, y se sienten solos y decepcionados si no reciben demostraciones de amor y afecto de los demás. A veces estas decepciones conducen a enfermedades mentales. Esta posición de Venus es probablemente la que más otorga habilidad innata de creatividad artística. Grandes artistas, poetas y compositores tienen a Venus en Piscis en la carta natal. Debido a su sensibilidad, a menudo otras personas se aprovechan de ellos. Suelen sufrir un complejo de mártir, usualmente en silencio. En casos extremos, pueden no ser perezosos o demasiado dependientes de los demás.

Marte

Marte en Aries

El poderoso Marte en Aries otorga valor, gran energía, un fuerte sentido de la competencia, el deseo de ganar siempre. Estos individuos no piden ni dan ventaja. Tienen mucha iniciativa, son usualmente testarudos, impulsivos e independientes. Prefieren los juegos físicos, por ejemplo el fútbol y el automovilismo. Nunca son espectadores en la vida, son participantes activos de tiempo completo. Tienen temperamento violento, son agresivos o egoístas. Deben aprender a ser más pacientes y amorosos.

Marte en Tauro

Los influenciados por esta posición suelen ser lentos, pero son bastante perseverantes; nunca se rinden. No son agresivos, pero si son forzados a luchar lo harán implacablemente, hasta la muerte de ser necesario. A menudo eligen ocupaciones que requieren paciencia y persistencia, como la creación de objetos durables y atractivos. Desean mucho tener dinero y posesiones, y a veces tienen la tendencia a seguir carreras que involucren el manejo de finanzas. Los hombres con esta posición de Marte suelen perder el cabello prematuramente.

Marte en Géminis

Tienen mentes activas, críticas, y a menudo habilidades para la mecánica o la ingeniería. Por lo general les gusta discutir, y frecuentemente se ponen de mal humor. Tienen buenas ideas, pero no necesariamente la perseverancia para llevarlas a cabo. Esta es una posición común de Marte para críticos y reporteros. Es muy probable que estas personas tengan muchos cambios de ocupación, e incluso pueden realizar dos trabajos al mismo tiempo.

Marte en Cáncer

Esta no es la mejor posición de Marte. A menudo hay cambios de humor, frustración que conduce a la ira, emociones intensas, y falta de armonía en la escena familiar. La ira reprimida puede ocasionar úlceras y problemas psicológicos. Puede indicar malas relaciones con los padres. Las personas con esta configuración frecuentemente se entusiasman por el mejoramiento del hogar, lo cual se convierte en una salida para sus frustraciones. Ocasionalmente tienen gran compasión por los menos afortunados, y trabajan por ellos.

Marte en Leo

Una gran fuerza de voluntad, creatividad y energía, se asocian con esta posición. Usualmente hay mucha confianza personal y habilidad para ser líder. Los individuos con esta influencia buscan ser el centro de atención en todo. Frecuentemente son egotistas y presumidos. Son demasiado testarudos, y suelen hacer enemigos a causa de esto. Hay sólo dos maneras: la de ellos y la equivocada. Tienen una fuerte atracción por el sexo opuesto. Los hombres con esta posición son masculinos y orgullosos, y tienden a perder el cabello a temprana edad. A veces son dominantes y creen que son infalibles.

Marte en Virgo

Este es el signo de los perfeccionistas. Son individuos muy hábiles en sus trabajos. Son precisos y les gusta ser reconocidos por su atención a los detalles. Algunas ocupaciones asociadas con esta posición son: mecánicos de precisión, artesanos, cirujanos, enfermeras, y en general las profesiones relacionadas con el cuidado de la salud. A veces critican mucho a los demás, especialmente a los que no son tan meticulosos como ellos. También son metódicos, y no realizan acciones a menos que haya una razón práctica. En casos extremos, se sumergen tanto en los detalles, que no tienen una visión general.

Marte en Libra

Estos individuos dirigen sus energías a actividades sociales de todo tipo. No actúan solos, deben tener un compañero o grupo. Se enfurecen con la injusticia social, y se involucran en asuntos que incluso no los afectan personalmente. Desean el matrimonio como una salida para su propia gratificación, y buscan parejas agresivas y enérgicas.

Marte en Escorpión

Son intensos en todo lo que hacen. Todo lo siguen hasta el extremo; tienen amigos dedicados o grandes enemigos. Para ellos nada es a medias. En casos extremos se llenan de ira y mantienen el rencor para siempre. Si son sus amigos, morirán por usted. Como empleados son usualmente serios y confiables. No le temen a la muerte. Nada los detendrá en la búsqueda de sus objetivos. La aparición exacta de estos rasgos en los horóscopos individuales depende de los aspectos con Marte en la carta. En general, los cuadrados de Saturno, Urano, Plutón o Neptuno, tienden a traer lo peor; entre más exacto sea el cuadrado, mayor será la influencia. La carta completa necesita ser estudiada para sacar conclusiones precisas.

Marte en Sagitario

Estas personas casi siempre son abiertas y directas al tratar con los demás. Juegan limpio, pero interpretan las reglas para su ventaja. Sus motivaciones son por lo general idealistas. Apoyan las causas y tratan de imponer su orden social. Hay una gran preferencia por los deportes y la caza. Usualmente tienen fuertes creencias filosóficas o religiosas, y en casos extremos tratan de que los demás adopten sus ideas. Son personas confiables, exigentes, y rápidas.

Marte en Capricornio

Los individuos bajo esta influencia son extremadamente materialistas, y gastan grandes cantidades de energía para conseguir dinero, posición y poder, con el fin de satisfacer sus deseos mundanos. Son prácticos, y saben cómo usar sus energías eficientemente. Esta posición de Marte la tienen muchos ejecutivos, políticos y líderes militares. Usualmente poseen buena autodisciplina. Tienen la capacidad de dar órdenes, o de recibirlas de sus superiores y cumplirlas. Exigen obediencia y disciplina a quienes están bajo su mando. Se enorgullecen de hacer bien su trabajo, y no toleran la pereza. Los padres con esta influencia esperan grandes cosas de sus hijos, y se decepcionan mucho si son defraudados. Si Marte es afectado por aspectos adversos, ignoran por completo los derechos de otras personas —se vuelven fríos, egoístas, y son duros con quienes se atraviesan en su camino.

Marte en Acuario

Son felices solamente cuando tratan con el público de alguna forma. Pueden ser sociables a antisociales (dependiendo de los aspectos), pero deben interactuar con gente en masas. Desean independencia, y a menudo siguen métodos poco ortodoxos. Usualmente no trabajan bien bajo reglas autoritarias, quieren crear sus propias normas, las que se ajusten a ellos. Negativamente, tratan de derrocar la estructura social o el gobierno existente, a menudo destruyendo lo que está establecido, sin tener nada valioso para reemplazarlo. Positivamente, estas son las personas que buscan justicia para todos, no toleran el prejuicio, y desarrollan servicios sociales para ayudar a los menos favorecidos.

Marte en Piscis

Individuos autosacrificados que se interesan más por ayudar a los demás que por su propio bienestar. Desafortunadamente, abusan fácilmente de ellos, se aprovechan de su generosidad y buena voluntad. Suelen ser considerados débiles, pues rara vez defienden sus derechos. Con esta configuración suelen surgir excelentes enfermeras; además es una influencia favorable para carreras artísticas y musicales.

Júpiter

Júpiter en Aries

Quienes caen bajo esta influencia son casi siempre dotados con una salud excepcionalmente buena, y son extrovertidos, generosos y bastante agresivos. Si Júpiter es afectado con severidad (aspectos negativos), entonces pueden volverse groseros y autoritarios. Tienen la voluntad para emprender un gran proyecto y seguirlo más allá de lo que otros lo harían. Estas personas a menudo se convierten en líderes de asuntos espirituales y educacionales.

Júpiter en Tauro

Estas personas generalmente saben cómo usar el dinero y las posesiones materiales de una manera beneficiosa. También tienen la tendencia a atraer estos bienes mundanos. A menudo encuentran sus carreras en el mundo del comercio y los negocios. Aman la buena comida, y a menudo engordan mucho. En ocasiones pueden ser celosos y exigentes. En casos extremos son codiciosos y recelosos. Esta es una buena posición para jardineros y los interesados en carreras artísticas o musicales.

Júpiter en Géminis

Estos individuos son brillantes intelectuales muy adaptables y expresivos. Sin embargo, a menos que otros factores en la carta natal otorguen autodisciplina, esparcirán sus energías mentales sin alcanzar mucho. En otras palabras, pueden tener un conocimiento amplio pero superficial, que no es muy productivo en términos de dinero. Positivamente, pueden ser escritores talentosos, educadores, conferencistas, y líderes que pueden dar una gran contribución a la sociedad. Usualmente viajan mucho en la vida, mental y físicamente, y casi siempre algunos de estos viajes son al extranjero. Las vocaciones adicionales son los negocios relacionados con publicaciones, importaciones/exportaciones, comunicaciones, órdenes por correo y servicios personales.

Júpiter en Cáncer

Esta es una posición poderosa para Júpiter. Indica una buena base familiar, no necesariamente riqueza, sino amor, bondad y una influencia paternal positiva. Muy frecuentemente estos individuos progresan económicamente en algún punto de sus vidas. Aman la comida y son buenos cocineros, y a menudo comen tanto, que crean problemas digestivos. Algunas carreras: bienes raíces, agricultura, lo relacionado con el proceso industrial de alimentos y artículos para uso del hogar. A veces estas personas tienen sueños que no son prácticos. En casos extremos pueden ser avaros e inconstantes.

Júpiter en Leo

A estos individuos les gusta hacer cosas a gran escala. Aman los rituales, los desfiles, el drama y las organizaciones fraternales. Usualmente son bastante generosos, optimistas, y tienen una gran seguridad en sí mismos. Disfrutan dar, pero esperan ser admirados por ello. Con esta posición surge la dignidad y la habilidad para ser líder. Estas personas deben observarse a sí mismos para que no se vuelvan arrogantes, presumidas y autoritarias. Aman los niños y se interesan por su bienestar. Por consiguiente, a menudo se convierten en maestros de escuela, líderes de niños exploradores, etc. Usualmente esta posición otorga mucho talento. Si Júpiter es afectado por aspectos adversos, indica decepciones y pérdidas en el amor, hijos, especulación, y romances.

Júpiter en Virgo

Esta no es la mejor posición para Júpiter. Anuncia trabajo excesivo. Debido a que los individuos bajo esta influencia son extremadamente detallistas, y a que trabajan con dedicación, corren el peligro de convertirse en extremadamente trabajadores. Son compasivos y dan todo por los demás. En casos extremos, podrían convertirse en tiranos. Si son ricos, usualmente donan grandes cantidades de dinero a entidades educacionales o de salud.

Júpiter en Libra

Esta posición otorga un matrimonio duradero y una buena vida familiar, a menos que Júpiter esté fuertemente afectado por aspectos adversos. Estas personas usualmente están bien equilibradas mental y físicamente, tienen buen juicio y mucho talento. Si este planeta es afectado negativamente, hay peligro de pleitos y otros problemas legales.

Júpiter en Escorpio

Individuos habitualmente involucrados en gran escala a los asuntos de finanzas, seguros, impuestos, herencias, muerte, o bienes raíces. Frecuentemente se interesan por el ocultismo, especialmente en la telepatía y la vida después de la muerte. Pueden ser intensos e intransigentes en sus creencias, por ello crean muchos enemigos. Si Júpiter forma aspectos favorables con Urano, Neptuno y Plutón, estas personas pueden ser bastante dotadas físicamente. Si forma aspectos adversos con dichos planetas, entonces hay generalmente un uso imprudente o ilegal de la habilidad psíquica, por ejemplo la manipulación de la gente para obtener ganancia personal.

Júpiter en Sagitario

Júpiter es poderoso aquí. Positivamente, indica individuos sencillos, generosos y pensadores. Se interesan por las culturas extranjeras, la educación, la filosofía y la religión. Negativamente, sugiere una mente cerrada, exigente, e incluso maliciosa.

Júpiter en Capricornio

Estas personas crean sus oportunidades en lugar de esperarlas. Son responsables y tienen buena voluntad para trabajar más de lo exigido. Generalmente tienen integridad moral en los negocios. Tienden a tener puntos de vista conservadores, son cautelosos, y aplican un juicio maduro en todo lo que hacen. Tienen un fuerte deseo de poder y de status, lo cual origina problemas con la vida familiar. Esta posición de Júpiter es típica de los ejecutivos que viven en la oficina y atienden muy poco su hogar. A estas personas no les gusta malgastar, y en casos extremos se vuelven avaros.

Júpiter en Acuario

Esta posición predice gran tolerancia. Los individuos que reciben esta influencia no dan cabida a prejuicios, e insisten en la igualdad para todos. Positivamente son concienzudos y estadistas; negativamente son intrigantes y egocéntricos. Si Júpiter tiene aspectos favorables, puede haber interés en la astrología, la reencarnación, las leyes cósmicas y las causas humanitarias.

Júpiter en Piscis

Si este Júpiter tiene aspectos con Urano, Neptuno o Plutón, lo más probable es que haya considerable habilidad psíquica y gran intuición. Estas personas son extremadamente compasivas. En casos extremos pueden ser débiles y egoístas.

Saturno

Saturno en Aries

Esta no es la mejor posición para Saturno. Quienes nacen con esta configuración en su carta natal, pueden trabajar muy duro toda la vida y obtener muy poca ganancia. Los individuos bajo esta influencia pueden ser enérgicos, directos y dominantes. Esta posición también indica ingenio. En personas altamente desarrolladas como Albert Einstein, quien tenía esta influencia, puede guiar a la creatividad mental. A veces estas personas pueden ser defensivas y difíciles para la comunicación. En casos extremos pueden ser tiranos.

Saturno en Tauro

Si este planeta tiene aspectos favorables, quienes están bajo su influencia son pacientes y sensatos, además tienen habilidad para la administración, especialmente en áreas de finanzas. Pueden adquirir mucho si trabajan duro, no obtienen nada gratis. A los 29 años de edad buscan una carrera que les ofrezca seguridad económica y familiar. Algunas ocupaciones para las que son especialmente aptos son: la banca, las inversiones, los seguros, y en general la administración de negocios. Si Saturno no tiene aspectos favorables, pueden ser testarudos, codiciosos y avaros.

Saturno en Géminis

Mente y manos rápidas se indican aquí. Tienen pensamiento bien disciplinado y lógico, y son buenos para solucionar problemas. Son generalmente adeptos a las matemáticas y la ciencia, y a menudo siguen profesiones relacionadas con estos campos. Son minuciosos y organizados, e insisten en comunicaciones claras. Como resultado, usualmente alcanzan algo valioso por sus esfuerzos. Entre algunas de las ocupaciones que generalmente siguen están las de secretaria, escritor, contador, investigador y maestro. A menudo realizan dos oficios al mismo tiempo. Si Saturno está fuertemente afectado por aspectos adversos, la persona probablemente será taimada, o preferirá robar o jugar en lugar de trabajar honestamente.

Saturno en Cáncer

Esta no es la mejor posición para Saturno. A menudo indica una niñez que fue fría, sin amor, llena de problemas que dejaron cicatrices emocionales. Sin embargo, estas personas toman la vida familiar seriamente, y trabajan duro para tener un hogar, aunque puede costarles una gran obligación. Prefieren trabajar solos y alrededor de la familia. A pesar de sus esfuerzos, a menudo carecen de una vida familiar satisfactoria. Muy rara vez una de estas personas será deshonesta o perezosa.

Saturno en Leo

Muy trabajadores, pero no les gusta ensuciarse las manos si pueden evitarlo. Tienen una necesidad insaciable de reconocimiento y sentirse importantes. Muchos se convierten en autores o ejercen otras profesiones donde hay una gran publicidad. Como padres son estrictos en el tema disciplina. Físicamente son propensos a los problemas del corazón. Además de todos los campos del entretenimiento, prefieren las inversiones arriesgadas. Si Saturno es afectado por aspectos adversos, puede haber pérdidas o decepciones con las finanzas o a través de los hijos.

Saturno en Virgo

Las palabras claves aquí son: sentido práctico, trabajo duro, precisión, detalles, paciencia, orden y perfección. Estos individuos por lo general no descansan —trabajan y trabajan, e incitan a los demás a que lo hagan. Viven con normas, lo cual hace difícil en ocasiones que otras personas puedan tratarlos. A menudo trabajan en medicina, investigación científica, teneduría de libros o el mantenimiento de registros. Frecuentemente se vuelven pesimistas y austeros. Necesitan desarrollar el sentido del humor. Las preocupaciones y el trabajo excesivo suelen llevarlos a problemas de salud.

Saturno en Libra

Estas personas a menudo se casan tarde en la vida o lo hacen con una pareja seria. El matrimonio suele involucrar cargas y trabajo duro. Esta es una posición poderosa para Saturno, y frecuentemente indica la realización de grandes riquezas y honores. Esta localización es usual en abogados, jueces y árbitros.

Quienes caen bajo esta influencia son confiables y humanitarios. Si Saturno es afectado por aspectos adversos, en todos los signos tiende a producirse una especie de comportamiento criminal. Sin embargo, en Libra tiende a producir una actividad criminal menos seria.

Saturno en Escorpio

Tienen un fuerte deseo de autoridad, y un impulso para alcanzar lo que ambicionan. De acuerdo a los aspectos de Saturno usarán métodos limpios o deshonestos. Pueden ser duros maestros. Son fanáticos de sus principios. Tienden a sentirse atraídos por negocios relacionados con finanzas, impuestos, seguros, o propiedades.

Saturno en Sagitario

Se preocupan mucho por su reputación personal. Generalmente son inteligentes y tienen autodisciplina. Si Saturno está influenciado por aspectos favorables, pueden ser buenos líderes, humanos y cálidos. Si este planeta está afectado adversamente, pueden ser exigentes y dictatoriales. A estas personas les gusta ser consideradas autoridades, a menudo en religión, filosofía, o educación.

Saturno en Capricornio

Saturno es fuerte aquí, otorga una gran ambición de poder. Quienes están bajo esta influencia escogen profesiones relacionadas con la política, la ciencia o los negocios. Usualmente parecen ser fríos y calculadores (aunque en el fondo pueden no serlo), son estrictos y trabajan duro. Definitivamente esta es una posición de liderazgo, a menos que el resto del horóscopo no apoye esta influencia. Estas personas tienen el empuje personal para superar casi cualquier adversidad. Si son honestos, el éxito está prácticamente asegurado; si no lo son, pueden tener éxito por un tiempo, pero lo más probable es que haya una gran caída.

Saturno en Acuario

Estos individuos son frecuentemente atraídos por organizaciones, debido a que necesitan trabajar con grupos de personas. Como en todas las posiciones de Saturno, en esta también hay ambición y deseo de poder. En cualquier caso, generalmente desean trabajos relacionados con el público, como ser vendedor en un almacén, político, o comandar alguna causa humanitaria. Si Saturno tiene aspectos favorables, son honestos, responsables, amigables, y tienen buen juicio. Si esta planeta está afectado adversamente, pueden ser egoístas y dominantes, además exigen que los demás cumplan sus normas.

Saturno en Piscis

Saturno es el planeta kármico, y Piscis es el signo kármico. Juntos pueden crear dificultades tales como miedo, neurosis, o el estar atado al pasado en lugar de vivir el presente. Positivamente, las personas bajo esta influencia son humildes, comprensivas, y desean ayudar a los menos favorecidos. Negativamente, pueden sufrir de paranoia o preocuparse demasiado. Si aprenden a evitar tanta introspección, pueden superar muchos de los inconvenientes que origina esta posición de Saturno. Como empleados, son trabajadores desinteresados, o vagabundos perezosos, dependiendo de los aspectos presentes.

Urano

Urano permanece aproximadamente siete años en cada signo. Como resultado, su localización indica más una generación de personas que rasgos individuales. Aquí cubriremos algunas palabras claves acerca de las características individuales potenciales, asociadas con las posiciones de este planeta en los signos. Las localizaciones en las casas son mucho más individualizadas que en los signos, como podrá ver en el siguiente capítulo.

Urano en Aries

Actitud impulsiva, mal genio, indiscreción. A veces pueden ser violentos y fanáticos.

Urano en Tauro

Decididos, a veces testarudos. Suelen tener talento artístico y musical. Interés por la electrónica y la contabilidad.

Urano en Géminis

Inquietos, a veces excéntricos, poco prácticos, y con patrones de pensamiento extraños. En ocasiones malas relaciones con hermanos y vecinos.

Urano en Cáncer

Gusto por la arquitectura única. Llenan sus casas con aparatos electrónicos. Pueden interesarse por la vida comunal. Mucha sensibilidad psíquica. A veces comportamiento variable. Aversión a la autoridad paternal.

Urano en Leo

Gran fuerza de voluntad y habilidad creativa. Desarrolla nuevos conceptos. Estas personas no son conformes, prefieren establecer sus propias reglas. A veces pueden ser extremadamente testarudos, hacen que sean difíciles de tratar.

Urano en Virgo

Ideas originales y prácticas relacionadas con el trabajo. Probablemente muchos cambios de empleo. En ocasiones problemas de salud variables.

Urano en Libra

Buscan cambiar las leyes existentes. A menudo tienen habilidad telepática. A veces se les dificulta la vida matrimonial u otros tipos de sociedades, debido a que no aceptan responsabilidades mutuas.

Urano con Escorpio

Emociones fuertes. No toleran la pereza. A veces tienen temperamento violento y hacen lo que creen que deben hacer (incluyendo ser destructivos) para alcanzar sus objetivos.

Urano en Sagitario

Un gran deseo por integrar ciencia y religión con lo oculto y la astrología. A veces son escépticos o agnósticos. Curiosos por la culturas extranjeras.

Urano en Capricornio

Fuertes deseos de éxito. En ocasiones pueden ser demasiado ambiciosos. Suelen dejar atrás lo viejo para reemplazarlo con algo nuevo.

Urano en Acuario

Posición poderosa para Urano. Intuición, búsqueda de la verdad. Gran fuerza de voluntad y deseo de independencia. Interés por la humanidad. Reformadores, que usualmente trabajan con grupos. En algunos casos extrema excentricidad.

Urano en Piscis

Buscan liberarse del pasado. Luchan constantemente por superar el pasado y desarrollar una espiritualidad superior. A veces tratan de evitar enfrentarse a situaciones desagradables. Suelen ser poco prácticos o incluso engañosos.

Neptuno

Neptuno permanece cerca de 13 años en cada signo. Como resultado, su localización indica más una generación de personas que rasgos individuales. A continuación veremos algunas características individuales potenciales para las localizaciones de Neptuno en los signos. Las posiciones en las casas son mucho más personalizadas, como veremos en el siguiente capítulo.

Neptuno en Aries

Creatividad espiritual. A veces orgullo espiritual y egoísmo.

Neptuno en Tauro

Aptitudes visionarias. A veces preocupación por dinero y posesiones.

Neptuno en Géminis

Imaginación activa. A veces valores superficiales.

Neptuno en Cáncer

Fuertes habilidades psíquicas y, en ocasiones, demasiado sentimentalismo.

Neptuno en Leo

Gran talento artístico. A veces sufrimiento por autoengaño.

Neptuno en Virgo

A veces enfermedades psicosomáticas. Tratan demasiado asuntos sin importancia.

Neptuno en Libra

Conformidad ciega, sin evaluar el valor de la situación. Responsabilidad social.

Neptuno en Escorpio

Clarividencia.

Neptuno en Sagitario

Muchos viajes al extranjero. A veces recorridos sin dirección.

Neptuno en Capricornio

Ajuste kármico.

Neptuno en Acuario

Intuición y clarividencia altamente desarrollados.

Neptuno en Piscis

Habilidad para curar. Gran desarrollo espiritual.

Plutón

Plutón gasta 248 años para hacer un ciclo a través del zodíaco. Su localización en los signos definitivamente indica masas de personas en lugar de individuos. Ha habido muy poco tiempo para estudiar a Plutón, pues sólo fue descubierto en 1930. No definiremos la influencia de las posiciones de este planeta en los signos con respecto a los individuos.

La localización de Plutón en las casas es muy importante en cartas individuales, como veremos en el siguiente capítulo.

capítulo once

Los Planetas
en las casas

Sol

El Sol en la primera casa

Liderazgo. Voluntad fuerte, gran energía y vitalidad. No son fácilmente influenciados por los demás. Gran habilidad para superar enfermedades. Ambiciosos. Estas personas quieren sentirse importantes y trabajan duro para serlo. Si el sol es afectado con aspectos adversos, puede haber egoísmo, orgullo excesivo, y un deseo de gobernar en lugar de guiar.

El Sol en la segunda casa

Esto muestra cómo la persona probablemente ganará o gastará el dinero, teniendo en cuenta el signo en el que el Sol se encuentra. Por ejemplo, si está en Leo, la persona podría ganarse la vida en el teatro (o alguna otra actividad de este signo). Si el Sol es afectado por aspectos adversos, es posible que haya despilfarro de dinero.

El Sol en la tercera casa

Realización a través del talento mental. Deseos de viajar. Hermanos y vecinos juegan un papel importante en la vida de estas personas. Si este astro es afectado adversamente, quienes reciben esta influencia pueden ser snobs.

El Sol en la cuarta casa

Estos son individuos orgullosos de sus hogares y su herencia. El comienzo de la vida es usualmente una lucha, la prosperidad llega mucho después. Gran interés por la tierra y los recursos naturales. Si es influenciado por aspectos adversos, indica incapacidad para tratar los padres, o manejan su propia familia como si fueran una propiedad y no personas.

El Sol en la quinta casa

Gran amor por la vida y expresión creativa. Son altamente competitivos y se esfuerzan por ser observados. Se sienten atraídos por el teatro, las artes, los deportes y las carreras musicales. Aman los niños, pero a menudo tienen pocos o tal vez ninguno. A veces pueden ser egotistas. Tienen una disposición alegre y optimista. Son amantes intensos.

El Sol en la sexta casa

Salud delicada y poca capacidad de recuperación. Estos individuos buscan distinción a través del trabajo y el servicio a los demás. Si el sol es afectado adversamente, pueden experimentar largos períodos de desempleo, lo cual puede afectarles la autoestima, pues se identifican fuertemente con su trabajo.

El Sol en la séptima casa

Estas personas deben tener relaciones personales estrechas. El matrimonio es extremadamente importante para ellos. Si el sol tiene aspectos favorables, atraerán buenas parejas y tendrán un matrimonio exitoso. Si es afectado con aspectos negativos, atraerán la compañía equivocada, lo cual guiará a un matrimonio difícil. Estas personas pueden ser muy buenos vendedores.

El Sol en la octava casa

Gran interés por los misterios de la vida tales como la muerte y la vida después de ella. Con buenos aspectos, esta localización del sol puede predecir herencias. Con aspectos malos, litigios sobre asuntos de dinero. A veces este sol sugiere que la persona ganará honores o reconocimiento después de morir, pero no durante su vida.

El Sol en la novena casa

Hay gran interés por los asuntos espirituales, la religión, la filosofía, la ley, y la educación superior. También se indican viajes al extranjero. En algunos casos estas personas son de mente limitada, fanáticos y condescendientes.

El Sol en la décima casa

Gran ambición por alcanzar posiciones de poder. Estas personas usualmente trabajan duro para tener éxito. Esta posición del Sol también genera habilidad administrativa. Si el Sol es afectado adversamente, puede haber un comportamiento dictatorial.

El Sol en la undécima casa

Estas personas usualmente tienen muchos amigos. Se interesan por asuntos esotéricos. A menudo desean ser líderes de grupos. Son humanitarios. Con aspectos adversos, hay una tendencia a dominar a los demás.

El Sol en la duodécima casa

Estas personas dirigen sus pensamientos y energías hacia su interior. A menudo buscan trabajar en asilos, hospitales u otras instituciones. Se realizan sirviendo a los demás. Si el sol tiene aspectos negativos, puede haber extrema timidez o neurosis.

La Luna

La Luna en la primera casa

Altamente impresionables; a veces son psíquicos. Desean reconocimiento personal y buscan aprobación de los demás. Son amantes de la comida y a veces se exceden de peso. Permiten ser influenciados por otras personas. Son de comportamiento variable.

La Luna en la segunda casa

Gran habilidad para los negocios. Necesidad imperante de seguridad económica. Frecuentemente tienen trabajos que involucran alimentos, bienes raíces o artículos domésticos.

La Luna en la tercera casa

Tendencia a soñar despierto. Mucho gasto mental en asuntos sin importancia. Mucha actividad con hermanos y hermanas. Estas personas consideran a los vecinos como parte de la familia. Gran imaginación.

La Luna en la cuarta casa

Fuerte posición de la Luna. Las relaciones familiares son extremadamente importantes e influencian los demás aspectos de la vida de una persona. La madre es especialmente una fuerte influencia. Si la Luna tiene aspectos adversos, la vida familiar puede ser bastante desagradable.

La Luna en la quinta casa

El romance es muy importante para estas personas, y a menudo se vuelven sentimentalmente dependientes de la pareja. Puede haber interferencias familiares en la relación amorosa. Si la luna tiene aspectos negativos, quienes caen bajo su influencia son propensos al juego.

La Luna en la sexta casa

Salud inestable. A veces enfermedades psicosomáticas. Estas personas son propensas a ser hipocondríacas. Muchos cambios de empleo, a menos que la Luna esté en un signo fijo. Amor por los animales pequeños y las mascotas.

La Luna en la séptima casa

Estas personas encuentran realización emocional a través del matrimonio u otras relaciones. A menudo se casan con una figura materna o paterna.

La Luna en la octava casa

Emociones intensas y sensibilidad psíquica. A veces demasiada sensualidad.

La Luna en la novena casa

Fuertes valores morales y espirituales, especialmente con respecto a la familia. Las creencias de estas personas son basadas en emociones y sentimientos, en lugar de la realidad y la lógica.

La Luna en la décima casa

A menudo provienen de familias con gran reputación en la comunidad. Las carreras son frecuentemente influenciadas por mujeres. Esta posición de la luna casi siempre indica prominencia en la vida pública. Estas personas son impulsadas por una necesidad de reconocimiento.

La Luna en la undécima casa

Hay gran necesidad de amistades. Buscan estar a todo momento con gente alrededor, y se desempeñan mejor en grupos. Tienen muchos conocidos, pero probablemente la mayoría superficiales. Las emociones de estas personas son influenciadas por lo que piensan los demás.

La Luna en la duodécima casa

El pasado influye mucho en estas personas. Muchos tienen habilidades psíquicas. Son tímidos con sus sentimientos y se sienten heridos con facilidad. Si la Luna tiene algunos aspectos adversos, puede haber soledad o neurosis; si tiene muchos aspectos negativos, indica una enfermedad mental, y probablemente la necesidad de una institución para tratarla.

Mercurio

Mercurio en la Primera Casa

Estos individuos son conscientes de todo lo que los rodea. Tienen mentes lógicas. Son habladores y a menudo escriben mucho. Usualmente son muy inteligentes. Sobresalen por la forma de expresarse. Son muy buenos médicos y escritores; también tienden a ser eruditos. Son competitivos.

Mercurio en la segunda casa

Habilidad en todas las áreas de la comunicación. Preocupación por el dinero. Generalmente tienen ideas originales.

Mercurio en la tercera casa

Generalmente poseen inteligencia superior. Fuerte interés en todos los tipos de comunicación. Muchos viajes de corta distancia. Gastan bastante tiempo escribiendo cartas. Son buenos para solucionar problemas. Si Mercurio tiene aspectos adversos, puede haber dificultad con contratos y acuerdos.

Mercurio en la cuarta casa

Estas personas a menudo trabajan fuera de sus casas. Generalmente sus padres son bien educados. Probablemente tienen una gran biblioteca en la casa. Se interesan por las ciencias de la tierra. Incluso pueden ser escritores que tratan problemas ambientales. A menudo llevan una vida nómada, deambulando de un lugar a otro. Muchas veces viven en *trailers*.

Mercurio en la quinta casa

Aquí se encuentran los dramaturgos. Oradores y escritores enérgicos y dramáticos. Los individuos con esta posición suelen ser amantes de los juegos. Es una buena localización para maestros, especialmente para los de grados primarios. Si

Mercurio es afectado adversamente, la persona sería sabia para evitar especulación en el mercado de valores o especulación financiera similar.

Mercurio en la sexta casa

Personas metódicas y eficientes que usualmente realizan trabajos altamente especializados que involucran atención exacta a los detalles. Esta posición es favorable para la ciencia, la ingeniería y carreras médicas.

Mercurio en la séptima casa

Hábiles para trabajar y comunicarse efectivamente con otras personas, en una sociedad o trabajo de tipo cooperativo. Son buenos mediadores y consejeros. Necesitan casarse con alguien inteligente y bien educado.

Mercurio en la octava casa

Hay un interés en los asuntos relacionados con la muerte, herencias, impuestos y seguros. Usualmente se trata de personas reservadas; aman la intriga. Estas personas nunca olvidan algo malo hecho en su contra. A menudo mueren a causa de enfermedades respiratorias o por trastornos del sistema nervioso.

Mercurio en la novena casa

Hay mucho interés por la ley, la religión, la filosofía y la educación superior. También hay atracción por culturas extranjeras y viajes. Esta es una buena posición para abogados, especialmente procesales. También es una localización adecuada para profesores. Si Mercurio es afectado por aspectos adversos, puede haber persistente esnobismo.

Mercurio en la décima casa

Buenos organizadores y planificadores. Habilidad para ser líder. Excelente posición para todos los trabajos relacionados con el público. Muchos políticos y escritores tienen este Mercurio en la carta natal. También es una buena localización para profesiones que involucran publicaciones, conferencias y enseñanza.

Mercurio en la undécima casa

Estas personas se interesan por la comunicación en grupo. Se desempeñan mejor interactuando con los demás; aquí no hay solitarios. Muy a menudo tienen alguna afiliación con la astrología, las causas humanitarias, las investigaciones científicas, y diversos asuntos esotéricos. En casos extremos son excéntricos y poco prácticos.

Mercurio en la duodécima casa

Toman decisiones basadas más en los sentimientos que en la lógica o los hechos. Estas son personas tímidas que rara vez dicen lo que realmente piensan. Puede haber una gran habilidad psíquica. Si Mercurio es afectado negativamente, pueden originarse enfermedades mentales o comportamiento neurótico.

Venus

Venus en la primera casa

Gusto por la ropa hermosa. Estas personas son encantadoras, tienen gracia, y son amigables y simpáticas. En la carta de una mujer esta posición indica belleza física. Puede haber talento en diversas formas de arte. Usualmente sugiere una infancia feliz.

Venus en la segunda casa

Amor por la riqueza y las cosas que el dinero puede comprar. Gusto por los objetos materiales bellos. Estas personas buscan parejas adineradas o con status social. Las mujeres son usualmente derrochadoras. Los hombres suelen gastar mucho en las amistades de sus mujeres. Estos individuos por lo general pueden conseguir la ayuda que necesitan.

Venus en la tercera casa

Buenos comunicadores. Muchos viajes, especialmente de corta distancia. Amor por la literatura. A menudo se comunican a través de periódicos u otros medios.

Venus en la cuarta casa

Amor por el hogar y la vida familiar. Prefieren pasar el tiempo en la casa y cocinar para sus amigos. El hogar es usualmente un lugar bello para ellos. Mucha felicidad a través de sus padres. A estas personas les gusta la jardinería.

Venus en la quinta casa

Amor por la vida. El romance es de vital importancia para ellos. Son optimistas. A menudo tienen talento para las artes escénicas. Aman profundamente a sus hijos, y es posible que éstos sean bastante atractivos y talentosos.

Venus en la sexta casa

Amor por el trabajo. Oportunidades sociales y amorosas a través de él. Relaciones armoniosas con el jefe y los compañeros. Prefieren trabajar en lugares agradables y bellos. A veces son diseñadores de ropa. Gran afecto por mascotas y animales pequeños.

Venus en la séptima casa

Amor por las relaciones personales. Interactúan muy bien con otras personas. Usualmente se casan jóvenes y por lo general tienen matrimonios exitosos.

Venus en la octava casa

Emociones extremadamente intensas, que pueden fácilmente salirse de control y originar celos y una actitud posesiva. En general esta no es una buena posición para Venus. Sin embargo, indica ganancia económica a través del matrimonio y/o herencias.

Venus en la novena casa

Amor por la religión y la filosofía. A menudo hay viajes largos, principalmente de placer. Lo más probable es que estas personas encuentren sus contactos sociales y sus parejas a través de iglesias, universidades, o en otros países. La relación con los suegros es usualmente armoniosa y favorable.

Venus en la décima casa

Mucha ambición social. Muy a menudo escogen una profesión relacionada con las artes. Buscan casarse con alguien que tenga status en la sociedad y/o riqueza. Buenas relaciones con los jefes y otras autoridades. Mucho éxito al tratar con el sexo opuesto.

Venus en la undécima casa

La pareja matrimonial es conocida a través de actividades en grupo. Muchos amigos del sexo opuesto. Estas personas casi siempre alcanzan sus objetivos y sueños.

Venus en la duodécima casa

Deseo de paz y soledad. Relaciones amorosas secretas. Timidez que puede guiar a la soledad o a frustraciones en situaciones románticas. Los sentimientos son fácilmente heridos. Gran compasión por los problemas de otras personas.

Marte

Marte en la primera casa

Confianza en sí mismo. Valor. Liderazgo. Agresividad. Gran energía y resistencia. Estas personas pueden lograr el doble de lo realizado por la mayoría. Son participantes de la vida —no espectadores. A menudo los hombres con esta influencia son físicamente robustos. Si Marte está afectado por aspectos adversos, probablemente sean combativos o incluso violentos. Si hay autodisciplina, usualmente alcanzan grandes objetivos.

Marte en la segunda casa

Estas personas se esfuerzan por ganancias económicas. Prefieren realizar sus propios negocios, en lugar de trabajar para otros. Lucharan para proteger sus bienes, pero fácilmente regalarán posesiones para obtener favores. Si Marte es afectado adversamente, usualmente son deshonestos y buscan problemas. Son personas competitivas.

Marte en la tercera casa

Tienen mente alerta y pensamientos rápidos. A veces son muy agresivos, por lo tanto sirven para reporteros de periódicos o comentaristas. Tendencia a sacar conclusiones sin suficientes bases reales. Estas personas a menudo trabajan con maquinaria en diversos campos de la comunicación, o en la industria del transporte. Si Marte tiene aspectos negativos, pueden ser conductores imprudentes que tienen poca consideración por los demás ocupantes de la vía. Si Marte es fuertemente influenciado, pueden ser argumentativos, tener problemas con contratos, o llevar malas relaciones con hermanos y vecinos.

Marte en la cuarta casa

A estas personas les gusta dominar la casa y la familia, causando a menudo riñas e inconformidades. Reparan por sí mismos las cosas del hogar. Generalmente trabajan bastante para mejorar el ambiente. Constitución fuerte y mucha energía, incluso a edad avanzada. Si Marte es afectado fuertemente, hay peligro de fuego, robo y accidentes en el hogar.

Marte en la quinta casa

Estas personas persiguen con vigor amor, sexo, placeres y juegos. Los atletas a menudo tienen esta localización de Marte. Prefieren trabajar con niños porque se sienten con poder y autoridad. Si este planeta está afectado por aspectos adversos, hay peligro de que sus propios hijos pueden sufrir accidentes graves o incluso morir; también con esta influencia puede haber embarazo fuera de matrimonio.

Marte en la sexta casa

Estas son personas hábiles que trabajan mucho, usualmente en profesiones que requieren el uso de herramientas o maquinaria. Algunos ejemplos: cirujanos, mecánicos, ingenieros mecánicos, operadores de equipos, etc. Estas personas no tienen paciencia con los trabajadores perezosos. Si Marte es afectado adversamente, están en peligro de sufrir heridas en el trabajo, y deberían tener extrema cautela a todo momento.

Marte en la séptima casa

Estas personas son agresivas y escogen parejas matrimoniales con dicho comportamiento. Puede conseguir mucho si Marte no es afectado por aspectos adversos; si es así, habrá serios desacuerdos con los compañeros de trabajo, y probablemente ruptura del matrimonio. Quienes reciben esta influencia frecuentemente se convierten en vendedores o gente de relaciones públicas, y siempre son agresivos.

Marte en la octava casa

Intensidad emocional y deseos fuertes, especialmente sexuales. A veces hay habilidad psíquica. Frecuentemente indica muerte repentina, violenta si Marte es afectado adversamente. Con la influencia fuerte de aspectos negativos, hay usualmente tendencias criminales y agresividad por el dinero de otras personas.

Marte en la novena casa

Estas personas promueven la reforma social, defienden alguna causa, y tratan de influenciar a los demás para que sigan sus ideas. Respaldan sus creencias con acciones, de este modo suelen tener éxito. Son amantes de la aventura y los viajes al extranjero. Esta localización de Marte es típica en evangelizadores.

Frecuentemente son de mente cerrada y demasiado agresivos, lo cual hace que los demás se resientan. A menudo condenan los que tienen creencias diferentes a las de ellos.

Marte en la décima casa

Esta es una posición poderosa para Marte. Hay habilidad ejecutiva, mucha iniciativa, fuertes deseos por alcanzar grandes objetivos. Estos individuos muy frecuentemente se vuelven famosos (o notorios en algunos casos). Esta posición es común en negociantes, militares y líderes políticos. En casos extremos el poder es buscado sin importar si es para bien o para mal. Si Marte es fuertemente afectado por aspectos adversos, puede haber un flujo repentino de riqueza, usualmente producto de negocios deshonestos o no éticos.

Marte en la undécima casa

Estas personas suelen involucrarse en actividades de grupo. Sus amigos son casi siempre hombres y agresivos, o si son mujeres se comportan de dicha manera. Esta localización produce revolucionarios si Marte es afectado por aspectos adversos; con esta influencia, lo más probable es que tales personas sean gravemente heridas, o tal vez mueran, en compañía de amigos que podrían ser causa de la muerte.

Marte en la duodécima casa

Estos individuos suelen ser reservados para evitar la oposición de los demás. Son atraídos por el trabajo en grandes instituciones, donde pueden perder su identidad. Necesitan ser abiertos y honestos. Hay peligro de encarcelamiento en prisión o instituciones si Marte es afectado por aspectos destructivos.

Júpiter

Júpiter en la primera casa

Estos son los boyscouts honestos, dignos de confianza, optimistas, amigables, buenos, serviciales, solemnes (especialmente en los últimos años), populares y seguros de sí mismos. Aquí hay una habilidad para el liderazgo, especialmente en religión, educación, y organizaciones sociales. Estas personas están siempre protegidas, incluso cuando las cosas parecen no tener salida, la ayuda les llega justo a tiempo. Hay posibilidad de volverse obeso, especialmente en los últimos años.

Júpiter en la segunda casa

Habilidad excepcional para los negocios y buena suerte en asuntos de dinero. Si Júpiter es afectado negativamente, el dinero será desperdiciado. Con esta localización se asocian hospitales e instituciones, productos domésticos, alimentos, bienes raíces, viajes, publicaciones, educación y psicología.

Júpiter en la tercera casa

Hay interés en las publicaciones, la religión, la enseñanza, la filosofía, las comunicaciones, y los viajes (de corta y larga distancia). Si Júpiter es afectado por Marte o Urano, hay peligros de accidentes al viajar, pero la persona usualmente no saldrá con heridas graves. Buenas relaciones con hermanos y vecinos, a menos que el planeta sea influenciado por aspectos negativos.

Júpiter en la cuarta casa

Armonía en la vida familiar. Buena suerte en la última parte de la vida. Las personas con esta posición usualmente provienen de buenas familias. A menudo el hogar es grande y muchos miembros en la familia. Si Júpiter es afectado severamente, los miembros del hogar pueden ser una carga u ocasionar grandes gastos.

Júpiter en la quinta casa

Gran amor por los niños; a menudo estas personas se convierten en maestros y consejeros. Sus propios hijos son usualmente afortunados y alcanzan honores. Hay felicidad en el amor, a menos que Júpiter tenga aspectos adversos. Además de la educación, estas personas se interesan por los deportes y las artes.

Júpiter en la sexta casa

Estas personas se esfuerzan por hacer contribuciones prácticas a la sociedad. Son especialmente hábiles en diversas áreas de la curación (física y mental). Esta posición de Júpiter es típica en los practicantes de la ciencia cristiana. Estas personas son queridas y respetadas por sus destrezas en el trabajo. Si este planeta es afectado por aspectos adversos, puede haber tendencia a la pereza.

Júpiter en la séptima casa

Buena fortuna a través del matrimonio o asociaciones de negocios. Estas personas son buenas y amigables. A menudo se casan con alguien que tenga dinero o posición social. Habilidad para las ventas, la ley, las relaciones públicas y los negocios.

Júpiter en la octava casa

La muerte es usualmente tranquila y debida a causas naturales, a menos que Júpiter sea afectado negativamente. Estas personas suelen obtener ganancias a través de herencias, seguros o finanzas conjuntas. Prefieren los negocios relacionados con muerte e impuestos.

Júpiter en la novena casa

Estas personas generalmente buscan toda la educación que esté a su alcance. A menudo se trata de clérigos, o tienen otras posiciones asociadas con la religión. Usualmente son muy comprensivos; les gusta viajar, especialmente al extranjero.

Otras probables profesiones se relacionan con la educación o la industria del libro.

Júpiter en la décima casa

Exito en la profesión en la última parte de la vida. Hay gran ambición profesional, honestidad y confiabilidad. Estas personas tienen buena reputación, y frecuentemente están a cargo de posiciones en el ámbito público. Son buenos administradores y ejecutivos. Tienen mucha probabilidad de adquirir riqueza en la parte final de sus vidas. Esta posición de Júpiter también otorga mucha protección para la persona.

Júpiter en la undécima casa

Actividades en grupo, especialmente organizaciones humanitarias. Las personas bajo esta influencia son generalmente buenas y muy apreciadas; son generosas y brindan su ayuda a amigos y organizaciones. Si Júpiter tiene muchos aspectos adversos, la persona puede carecer de sentido de la responsabilidad, y probablemente usará a sus amigos para obtener ganancia.

Júpiter en la duodécima casa

Estas personas suelen dar su tiempo y dinero en forma discreta a causas humanitarias. También prefieren estar solos, donde puedan meditar, orar y estudiar. A veces hay habilidad psíquica. Si Júpiter es afectado adversamente, estas personas pueden convertirse en casos de caridad o recibir albergue en instituciones. Hay una tendencia a vivir en la fantasía. Con buenos aspectos, este Júpiter otorga ayuda en tiempos de crisis.

Saturno

Saturno en la primera casa

Estos individuos aparecen ante los demás como fríos, remotos, sin humor y excesivamente ordinarios. Sin embargo, son serios, trabajan mucho, y pueden ser amigos leales. No necesitan aprender a amar para alcanzar la felicidad. Si Saturno está afectado adversamente, estas personas usualmente tienen una niñez dura, frustraciones, hostilidad, y continuos obstáculos a lo largo de la vida.

Saturno en la segunda casa

Estas personas deben trabajar mucho para vivir. Si Saturno tiene aspectos buenos, muy probablemente lograrán éxito económico, el cual es siempre el objetivo que persiguen, pues le temen mucho a la pobreza. Si este planeta es afectado adversamente, ganarán muy poco, o nada, por todo su duro trabajo. Quienes reciben esta influencia son usualmente astutos en los negocios. Siempre son parcos, y a veces tacaños.

Saturno en la tercera casa

Estos individuos buscan a menudo carreras donde se involucren la ciencia y las matemáticas, pues tienen mentes metódicas, prácticas y disciplinadas. No son propensos a viajar mucho, lo hacen sólo por asuntos de negocios. Pueden tener problemas con sus hermanos y vecinos si Saturno es afectado adversamente.

Saturno en la cuarta casa

Estas personas se limitan a dedicarse al hogar en sus últimos años, por elección o necesidad. Deben estar en familia, especialmente en la vejez, para sentir protección, por eso trabajan conscientemente por dicha seguridad. A menudo hay aislamiento emocional o separación de miembros de la familia. El hogar frecuentemente impone cargas pesadas a estas personas.

Saturno en la quinta casa

Mujeres bajo la influencia de esta posición pueden tener dificultades para concebir un hijo. Las carreras preferidas a menudo se relacionan con la industria del entretenimiento, inversiones, escuelas, y a veces política y administración de negocios. Estas personas suelen tener romances con parejas de mayor edad. Si Saturno es afectado adversamente, a menudo se decepcionan en el amor, no congenian con los niños, e incluso se vuelven impotentes (o frígidos) debido a bloqueos emocionales.

Saturno en la sexta casa

Individuos serios, hábiles, eficientes y duros trabajadores. Tienen mentes analíticas con tendencia a la ingeniería, la mecánica, la medicina, la ciencia, o cualquier área que requiera precisión y atención a los detalles. Son conscientes de la salud, pero pueden sufrir enfermedades crónicas si Saturno tiene aspectos adversos. Son respetados por sus compañeros de trabajo, a menos que este planeta tenga influencias negativas, lo que originaría relaciones incómodas.

Saturno en la séptima casa

Esta es una fuerte localización de Saturno que otorga un gran sentido de la responsabilidad y la justicia. Estos individuos buscan personas serias, y usualmente se casan tarde en la vida. El matrimonio, u otros tipos de asociaciones, serán duraderos si Saturno tiene aspectos favorables; en caso contrario (aspectos adversos) habrá muchos problemas.

Saturno en la octava casa

A menudo le temen a la muerte, y pueden tener sueños y experiencias psíquicas que los perturban psicológicamente. Si Saturno tiene buenos aspectos, estas personas pueden obtener éxito al manejar el dinero de otras personas, seguros, finanzas corporativas, impuestos y herencias. Si Saturno es afectado adversamente, lo más probable es que se involucren en litigios u otros problemas de estas mismas áreas.

Saturno en la novena casa

Es probable que quienes reciben esta influencia se dediquen a la enseñanza, las publicaciones, la ley, la religión y los viajes.

Sin embargo, sus viajes personales serán por asuntos de trabajo, rara vez por placer. Siguen normas exigentes y líneas convencionales de pensamiento y conducta. Son propensos a tener una mente cerrada si Saturno tiene aspectos adversos.

Saturno en la décima casa

Esta localización promete mucho éxito, realización, reconocimiento público y honores, siempre que Saturno tenga aspectos favorables. También indica escándalo público y caída de una alta posición si Saturno es afectado adversamente, o cuando la persona falla en su integridad. Esta es una buena posición para políticos y ejecutivos.

Saturno en la undécima casa

Estas personas buscan a quienes tienen poder e influencia, para avanzar en sus propósitos. Trabajan en grupos y organizaciones. Suelen hacer amistad con gente seria y mayor.

Saturno en la duodécima casa

Estos individuos rara vez son reconocidos por su trabajo o sus contribuciones. Tienden a permanecer en el fondo, y terminan en instituciones como trabajadores o internos, dependiendo de los aspectos de Saturno. A menudo tienen enemigos secretos que luchan por arruinarlos.

Urano

Urano en la primera casa

Estos individuos no pueden soportar un trabajo o estilo de vida rutinario. Deben tener cambios continuos, emoción y aventura, y tienden a ignorar la seguridad. La libertad es extremadamente importante para ellos. Son propensos a ser excéntricos, poco convencionales, e impredecibles; y si Urano tiene aspectos favorables, poseen una inteligencia superior. Por lo general son altos.

Urano en la segunda casa

Tienen un sentido poco convencional del valor, a menudo ganan dinero de manera inusual. Sus finanzas son inestables, pierden o ganan dinero repentinamente. Prestan y piden prestado dinero. Frecuentemente obtienen ganancias monetarias a través de inventos, la electrónica, o campos científicos. Si Urano es afectado adversamente, no pagan sus deudas y tienen problemas por ello.

Urano en la tercera casa

Individuos excepcionalmente intuitivos que a menudo reciben ideas e información repentinamente. Buscan amigos intelectuales e inusuales. No tienen en cuenta las opiniones de otros, prefieren indagar las cosas por sí mismos. Esta localización suele producir escritores de trabajos astrológicos, esotéricos y científicos. Si Urano es afectado adversamente, estas personas son inquietas, poco prácticas, y cambian constantemente sus opiniones.

Urano en la cuarta casa

Habrá muchos aparatos y mecanismos electrónicos en el hogar de estos individuos, y llevarán una vida familiar poco común. Usan su casa para reuniones de esoterismo u otros encuentros. Los padres y la familia no tienen un efecto fuerte sobre estas personas. Lo más probable es que haya muchos cambios repentinos de residencia.

Urano en la quinta casa

En general la vida sentimental es inestable, a menos que Urano tenga aspectos favorables. Hay romances repentinos que también terminan de un momento a otro. Las parejas sentimentales son excéntricas, extrañas, o de alguna forma inusuales. Sus hijos pueden ser extraordinariamente dotados si Urano tienen influencias positivas; pero en caso contrario (si hay aspectos adversos), pueden tener anormalidades o problemas poco comunes. Si este planeta está afectado adversamente, probablemente habrá un comportamiento antisocial.

Urano en la sexta casa

Estas personas son atraídas por campos altamente tecnológicos, como la programación y la ingeniería. Usualmente tienen relaciones armoniosas en el trabajo, y generalmente abandonan un empleo si no están satisfechos con sus compañeros. Si Urano es afectado adversamente, tendrán relaciones explosivas con sus colegas.

Urano en la séptima casa

Es raro el matrimonio duradero; el divorcio es bastante común debido a que estas personas quieren libertad e independencia por encima de todo. Sus relaciones con los demás son extremas: íntimas o superficiales con cambios rápidos de personas. Algunos se confunden por el comportamiento impredecible que tienen.

Urano en la octava casa

Tienen mucho interés por los asuntos psíquicos y esotéricos, y a menudo poseen habilidades concernientes a estos campos. Lo más probable es que tengan una muerte repentina, a causa de un accidente, si Urano es afectado adversamente. Suelen tener cambios repentinos de fortuna —de harapos a riqueza y viceversa— dependiendo de los aspectos de este planeta.

Urano en la novena casa

Tienen intereses poco ortodoxos tales como la astrología, la reencarnación, o creencias religiosas extrañas. Si Urano está influenciado por aspectos favorables, pueden ser altamente espirituales y filosóficos. Si los aspectos son negativos, pueden pertenecer a cultos fanáticos y adherirse a puntos de vista sin valor y poco prácticos.

Urano en la décima casa

Sus puntos de vista políticos son ultra liberales o radicales, nunca conservadores. Tienen habilidad de liderazgo en áreas humanitarias, científicas, y esotéricas, al igual que en la electrónica y la astrología. Son propensos a cambios de suerte repentinos. Puede haber muchos cambios de empleo y dificultad para acoplarse con quienes tienen la autoridad. Quieren libertad total en el trabajo, sin tener a alguien al lado que les diga lo que deben hacer.

Urano en la undécima casa

Definitivamente estas son personas humanitarias que buscan la verdad, y que no respetan la tradición o el statu quo. Prefieren las actividades humanitarias en grupo. Por lo general no desean estar atados sólo a una relación. Si Urano es afectado adversamente, probablemente serán traicionados por personas que consideran amigos.

Urano en la duodécima casa

Son psíquicos altamente desarrollados si Urano es fuertemente afectado con aspectos favorables. Pasan mucho tiempo meditando. Si este planeta es afectado adversamente, pueden ser neuróticos y sufrir ilusiones. A menudo se unen a organizaciones secretas y prefieren trabajar de tal forma que no sean notados.

Neptuno

Neptuno en la primera casa

Estos individuos deben evitar el uso de drogas y alcohol, especialmente si Neptuno tiene aspectos adversos, porque muy probablemente el resultado será autoengaño, confusión, tendencia a ir a la deriva por la vida sin éxito o realización, y en casos extremos puede originarse una posesión por una entidad astral indeseable. Si hay buenos aspectos, estas personas

tienen facultades de clarividencia e intuición altamente desarrolladas, y pueden tener visiones místicas inspiradas. Algunas ocupaciones típicas serían: camarógrafo de cine o televi-
sión, hipnotista, compositor, músico y artista.

Neptuno en la segunda casa

Estas personas suelen donar su dinero a casas espirituales o
humanitarias. Frecuentemente usan la intuición para amasar
grandes cantidades de dinero, que luego se escurre entre sus
dedos y desaparece misteriosamente. A menudo son derrochadores. Si Neptuno es afectado adversamente, serán perezosos, poco prácticos, y desordenados con sus finanzas; incluso
pueden depender del apoyo de los demás.

Neptuno en la tercera casa

Tienen mentes muy intuitivas y gran habilidad de visualización. Son atraídos hacia los asuntos esotéricos, a menudo como escritores. Usualmente tienen apodos o seudónimos. Si
Neptuno es afectado adversamente, son propensos a soñar
despiertos y a tener dificultades de aprendizaje.

Neptuno en la cuarta casa

Viven, o les gusta vivir cerca del agua. Hay fuertes lazos emocionales con el hogar y los padres. Frecuentemente uno de los
padres es psíquico. Puede haber trastornos nerviosos, especialmente en los últimos años de la vida, siempre que Neptuno sea afectado por aspectos adversos.

Neptuno en la quinta casa

Sus hijos probablemente serán intuitivos y muy sensibles. Ellos
mismos tienen gran intuición y expresión artística en la música y el arte. Si Neptuno es afectado adversamente, a menudo es
mejor que no se casen o tengan hijos, pues puede haber problemas psicológicos, hijos ilegítimos, y familias destruidas.

Neptuno en la sexta casa

El trabajo es una experiencia espiritual para ellos. Se interesan mucho por la medicina, la sanación espiritual, los alimentos saludables, y otros tipos de curaciones. Frecuentemente tienen la capacidad de comunicarse físicamente con animales. Si Neptuno tiene aspectos negativos, pueden ser hipocondriacos o enfermos mentales; además puede haber desempleo y falta de confianza.

Neptuno en la séptima casa

Estas personas tienen un gran conocimiento intuitivo de los demás, y por tal razón sufren por los sentimientos de otros. Usualmente tienen un fuerte vínculo psíquico con su cónyuge. Suelen no tener talento artístico o musical.

Neptuno en la octava casa

Usualmente hay tendencias psíquicas, y tienen un especial interés en comunicarse con los muertos. Si Neptuno es afectado adversamente, puede haber problemas relacionados con fraude en impuestos, fraude en seguros, o circunstancias deshonestas relacionadas con muerte.

Neptuno en la novena casa

Hay un interés por cultos y organizaciones místicas. Estos individuos son muy impresionables. Si Neptuno tiene aspectos negativos, se equivocan en sus creencias y prácticas espirituales.

Neptuno en la décima casa

La intuición juega un papel importante en la elección de la carrera de estas personas. Astrólogos, clérigos y psiquiatras tienen frecuentemente esta posición de Neptuno. Si el planeta tiene aspectos favorables, usualmente lograrán honores en el trabajo; y lo contrario si hay presentes aspectos adversos.

Neptuno en la undécima casa

Amigos idealistas y poco comunes, grupos de personas. Estos individuos son generosos y útiles con sus amigos, y tienen un lazo espiritual cercano con ellos. Si Neptuno es afectado adversamente, deben tener cuidado al seleccionar amigos, pues hay gran probabilidad que sean hipócritas, e incluso se conviertan en enemigos.

Neptuno en la duodécima casa

Un fuerte vínculo intuitivo con la conciencia cósmica. Prefieren la privacidad. A menudo recuerdan anteriores encarnaciones, y pueden obtener sabiduría de esas experiencias para aplicarla en la vida presente. Si Neptuno tiene aspectos favorables, pueden poseer habilidades curativas y psíquicas que usan benéficamente. Si hay aspectos adversos, pueden tener confusión mental, neurosis, y usar mal sus poderes psíquicos innatos.

Plutón

Plutón en la primera casa

Estas personas son tan extremadamente individualistas e inconformes, que es muy difícil acoplarse a ellas en el matrimonio, los negocios, u otras relaciones estrechas. Si Plutón está en conjunción con el ascendente, y es afectado fuertemente por aspectos, hay fuertes habilidades psíquicas y de clarividencia. Usualmente estos individuos tienen mucha fuerza de voluntad.

Plutón en la segunda casa

Fuerte empuje y ambición para conseguir dinero y otros bienes materiales. A menudo la búsqueda de dinero involucra el de otras personas. Si Plutón tiene aspectos favorables, quienes reciben su influencia tendrán considerable ingenio para obtener riqueza. Si es afectado adversamente, muy probablemente serán codiciosos y egoístas, lo cual hará que pierdan amigos, y tal vez se involucren en litigios por asuntos de dinero.

Plutón en la tercera casa

Estos individuos tienen habilidad científica y mucho ingenio. Son bastante testarudos, y no cambiarán sus ideas a menos que una evidencia contundente basada en hechos los convenza de que están equivocados. Tienden a ser reservados y a menudo hacen transacciones secretas. Cuando viajan, generalmente es por razones secretas, y corren peligro de accidentes cuando lo hacen. Esta es una buena posición para espías, agentes secretos, etc.

Plutón en la cuarta casa

Estas personas tienden a dominar su hogar, alejando a veces otros miembros de la familia. En ocasiones hay interés en lo esotérico, campo que usualmente es desarrollado en los últimos años de la vida. Se interesan por la tierra, la ecología, y a veces la minería.

Plutón en la quinta casa

Estos individuos tienen mucho poder creativo, que puede ser expresado a través del arte o el amor; a menudo tienen hijos talentosos. Si Plutón es afectado adversamente, tienden a los excesos sexuales, y dominarán a sus amantes, o serán dominados por ellos. También pueden ser demasiado severos con los hijos, y probablemente perderán dinero si se dan el gusto de especular.

Plutón en la sexta casa

Quienes trabajan duro en proyectos de energía atómica del gobierno, a menudo tienen a Plutón en esta posición. Sin importar lo que hagan, buscan mejorar su trabajo y las condiciones laborales. Si este planeta es afectado negativamente, pueden ser muy difícil trabajar con ellos, lo cual causará problemas de desempleo.

Plutón en la séptima casa

Estas personas tienen la tendencia a dominar o ser domina-
das por los demás. En el matrimonio y otras sociedades suelen atraerse por personas dominantes y con gran fuerza de
voluntad. Esta es una buena posición para jueces, psicólogos
y abogados.

Plutón en la octava casa

Tienen una gran voluntad, a veces combinada con mucha
habilidad psíquica. Son fuertes e ingeniosos en momentos
de crisis. Si Plutón es afectado adversamente, tendrán problemas con seguros, impuestos, herencias, o el dinero de
otras personas.

Plutón en la novena casa

Fuerte habilidad de liderazgo espiritual. Estas personas no toleran la hipocresía. Si este planeta es afectado adversamente,
pueden originarse fanáticos religiosos que tratan de que todos
piensen como ellos.

Plutón en la décima casa

Estas personas son líderes con gran fuerza de voluntad y empuje hacia el éxito. Saben cómo ejercer poder sabia y efectivamente. Sin embargo, si Plutón tiene aspectos negativos, pueden volverse dictatoriales y dar prioridad a su ganancia personal.

Plutón en la undécima casa

Tienen la habilidad para ser líderes exitosos en grupos si Plutón tiene aspectos favorables. Con aspectos adversos, tienden
a ser derrochadores.

Plutón en la duodécima casa

Esta es una fuerte posición esotérica, otorga gran intuición y
entendimiento de los misterios de la vida, siempre que Plutón
tenga aspectos favorables. Si es afectado adversamente, hay
peligro de fuerzas psíquicas destructivas, enemigos secretos, o
problemas neuróticos.

capítulo doce

Los Aspectos

Las conjunciones

Nota: El único aspecto de importancia que el Sol puede tener con Mercurio o Venus es el de sólo una conjunción y entre ellos, el de una conjunción o un sextil.

La conjunción Sol-Luna

La persona combina concentración con impulsividad. Alterna la pasividad con la agresividad.

Conjunción Sol-Mercurio

Esto da gran energía mental y poder, pero si la conjunción es muy estrecha, generalmente de menos de 4 grados, se presenta un riesgo de agotamiento mental. Estas personas son usualmente incapaces de verse a sí mismas como las ven los demás.

Cojunción Sol-Venus

Aman la vida y suelen ser optimistas y alegres. A veces son un poco presumidos. Hay talento en el arte y la música. Se expresan bien.

Conjunción Sol-Marte

Otorga valor y gran fuerza de voluntad. Estas personas tienen tendencia a ser agresivas y seguras de sí mismas.

Conjunción Sol-Júpiter

Personalidades agradables. Personas generosas y optimistas. Atraen la buena suerte y es común que se suelan ganar a la gente por su manera de pensar de hacer las cosas. Son entusiastas.

Conjunción Sol-Saturno

Tienen mucha autodisciplina y ellos la cual necesitan pues encuentran muchas frustraciones. No obtienen beneficios con facilidad, sólo les va bien si trabajan mucho.

Conjunción Sol-Urano

Para los demás, estas personas a menudo parecen ser excéntricas e impredecibles, pues actúan de repente, con decisión y poder. Esto se debe a que pueden ver y entender las cosas que otros no perciben fácilmente porque tienen habilidades psíquicas innatas y bien desarrolladas. A menudo surgen genios con este aspecto.

Conjunción Sol-Neptuno

Es también un aspecto psíquico. Pueden realmente inspirarse, o autoengañarse, dependiendo del resto del horóscopo.

Conjunción Sol-Pluto

Este es un aspecto poderosamente psíquico, da a las personas enorme energía y poder. Entienden las leyes cósmicas y saben cómo usarlas.

Conjunción solar ascendente
Estas son personas fuertes y saludables que rara vez se enferman, y si es así se recuperan fácilmente. Individuos poderosos, maestros de sus vidas y del entorno.

Conjunción Sol-MC
Ejercen gran influencia a través de sus carreras y la reputación personal. Son atraídos por la vida pública o la política. Por lo general ganan algún tipo de fama.

Conjunción Luna-Mercurio
Piensan mucho en sus familias y la vida hogareña. A veces son demasiado sensibles a las críticas.

Conjunción Luna-Venus
Usualmente exitosos en el amor. Son buenos diplomáticos. Expresan sus emociones a través del arte y de la belleza. Las mujeres con este aspecto son creativas en el arte culinario y en el buen vestir.

Conjunción Luna-Marte
Propensos a los ataques de ira y las rabietas. Actúan con intensidad emocional en todo lo que hacen. Sus acciones se basan más en las emociones que en la razón. Pueden ser enemigos peligrosos ya que la emoción les ciega el sentido común.

Conjunción Luna-Júpiter
Quienes caen bajo esta influencia son generosos, simpáticos, y se interesan por hacer algo bueno en el mundo. Usualmente son dignos de confianza. A menudo se afilian a causas religiosas o educacionales. Vínculos emocionales con el hogar y la familia.

Conjunción Luna-Saturno
Estos individuos son generalmente aguafiestas porque son serios, que no tienen humor y parecen no tener alegría. A menudo sus emociones están fuertemente ligadas al pasado y no

al presente. Son muy trabajadores y autodisciplinados. Son prácticos y tienen un buen sentido común.

Conjunción Luna-Urano

A estas personas les atraen las experiencias extrañas y poco usuales. Son de humor variable, tienen cambios emocionales repentinos y son impredecibles. Este aspecto se distingue por la buena intuición y el poder de imaginación. La vida familiar de los mismos es bastante inusual.

Conjunción Luna-Neptuno

Estas personas son propensas a ser psíquicas y tienen tendencia a los asuntos religiosos y espirituales. Pueden tener habilidades artísticas y musicales. A veces tienen sueños proféticos.

Conjunción Luna-Plutón

Deliberadamente precipitan cambios drásticos en sus vidas o en la de sus parientes. Tienen deseos fuertes y sentimientos intensos. Bastante a menudo tienen tendencias psíquicas. Tienden a ser dominantes, y ello hace que la gente se les aleje.

Conjunción Luna ascendente

Estas personas tienden a tener un comportamiento femenino, por lo tanto es una posición más favorable para mujeres que para hombres. Son bastante impresionables, y las experiencias de la infancia tiene una fuerte influencia sobre ellos durante toda la vida.

Conjunción Luna-MC

Generalmente se habla sobre esta gente y son populares. A veces pueden obtener beneficios a través de mujeres ricas. A menudo están vinculados a un negocio familiar. Esta posición favorece a artistas, políticos y a gente de negocios relacionados con productos domésticos.

Conjunción Mercurio-Venus

Este aspecto otorga talento literario, gracia en la expresión hablada y escrita, y habilidad diplomática natural. Estas personas también tienen destreza matemática y científica. En casos extremos pueden ser inconstantes.

Conjunción Mercurio-Marte

Estas personas aman la controversia, los debates, la competencia y el desafío mental. Tienen mentes enérgicas y agudas. Pueden ser buenos reporteros. Les gusta expresarse, por eso tienen un talento innato para la política.

Conjunción Mercurio-Júpiter

En general tienen una mente abierta y son seguros de sí mismos. Les atraen las profesiones por medio de las cuales pueden influencia a los demás a través de sus habilidades mentales y expresivas. Por ejemplo, clérigos, políticos, profesores o conferencistas.

Conjunción Mercurio-Saturno

Este aspecto otorga una mente disciplinada, lógica y precisa. Son buenos planificadores. Trabajan mucho y no dejan piedra sin mover en la búsqueda del éxito. También son buenos arquitectos, ingenieros, artesanos y de otras profesiones relacionadas.

Conjunción Mercurio-Urano

Estos individuos a menudo son genios. Sus mentes son excepcionalmente rápidas y originales. A menudo siguen carreras relacionadas con la electrónica. Son muy independientes, a veces demasiado. En ocasiones es difícil llevarse bien con ellos.

Conjunción Mercurio-Neptuno

Estas personas son soñadoras y en casos extremos excluyen la realidad. A menudo tienen habilidad psíquica. En ocasiones pueden ser engañosos. Poseen una imaginación poderosa. La fotografía es una buena profesión o pasatiempo para quienes reciben esta influencia.

Conjunción Mercurio-Plutón

Estos son buscadores de la verdad y usan su fuerza de voluntad y sus mentes penetrantes para llegar al fondo de las cosas. Disfrutan al descubrir secretos. Este es un buen aspecto para detectives u otros tipos de investigadores. En algunos casos estas personas pueden ser autoritarias.

Conjunción Mercurio-ascendente

Estos individuos tienen una inteligencia excepcional. Tienden a hablar demasiado, lo cual a veces molesta a los demás. Usan la lógica en todos sus procesos mentales.

Conjunción Mercurio-MC

Generalmente la profesión de estas personas está en el campo de las comunicaciones, por ejemplo en periódicos, como escritores independientes como anunciadores de radio, etc. Otras ocupaciones favorables son las de profesores, bibliotecarios, secretarias, científicos, empleados en compañías de teléfonos u otro tipo diversos de empleos.

Conjunción Venus-Marte

Básicamente este es un aspecto sensual. Otorga pasión, deseos de amor físico, expresión artística del amor o connotaciones sexuales. En su máxima expresión es una efusión generosa de ayuda a los demás. En su expresión más básica, es una injusta explotación del sexo.

Conjunción Venus-Júpiter

Esta influencia puede traer tanta felicidad y buena suerte en la vida de una persona, que ésta se vuelve perezosa y no agradecida. Sin embargo, un Saturno que es fuerte, en la carta niega esto, originando las mejores cualidades. Estas personas son usualmente bastante generosas y les gusta disfrutar al dar alegría a los demás.

Conjunción Venus-Saturno

Un excelente aspecto para tener en un carta. Otorga un gran talento para la música y las artes. Son prácticos y generosos, tienen un buen sentido de la justicia, la armonía y el juego limpio. Si no se sienten amados, a menudo se deprimen profundamente.

Conjunción Venus-Urano

Tienen atracciones repentinas y cambios de afecto. A menudo confunden amistad con amor romántico. Rara vez puede brindar su amor a sólo una persona. Llevan una vida amorosa que casi siempre está cambiando.

Conjunción Venus-Neptuno

En su máxima expresión, este aspecto otorga un amor puro y espiritual que bordea lo divino. En su más baja expresión, indica soñadores románticos que son una carga para los demás, a menudo son engañosos y no son confiables.

Conjunción Venus-Plutón

El lado positivo bordea lo divino. El lado negativo limita con la perversión. Este aspecto otorga bastante talento, especialmente para la música, el drama y la ópera.

Conjunción Venus-ascendente

Este aspecto da belleza física y atractivo. También otorga gracia, encanto y armonía. En casos extremos la persona se vuelve loca por sus dotes físicos. Quienes tienen esta influencia son a veces socialmente agresivos.

Conjunción Venus-MC

Estas personas buscan mejorar su status. Las mujeres algunas veces promueven su carreras encantando a los que tienen autoridad. Este aspecto favorece especialmente a quienes trabajan en artes y relaciones públicas.

Conjunción Marte-Júpiter

Estos individuos creen en sí mismos, a veces hasta el punto de ser fanáticos de ello. Persiguen decididamente cualquier objetivo que consideran valioso. Nunca aceptan un "no" como respuesta. Tienen gran energía y entusiasmo.

Conjunción Marte-Saturno

A menos que esta conjunción tenga algunos aspectos positivos con otros planetas, habrá ira, violencia y resentimiento. Si es afectada adversamente, indica tendencias criminales y destructivas. Estas personas tienen resistencia, valor y una capacidad excepcional para trabajar mucho. Este aspecto favorece a las carreras militares.

Conjunción Marte-Urano

Estos individuos son rebeldes y revolucionarios. Tienen valor, pero usualmente carecen de buen juicio. Buscan cambiar las cosas repentinamente, usualmente por medios drásticos e inaceptables.Su naturaleza los lleva a consumir muchos nervios.Este aspecto origina una tendencia a los accidentes.

Conjunción Marte-Neptuno

Este aspecto crea susceptibilidad a las reacciones a las drogas, al envenenamiento y a las enfermedades infecciosas. Estas personas casi siempre poseen habilidades psíquicas, especialmente las enfocadas a la curación. A veces tienen objetivos que son poco realistas.

Conjunción Marte-Plutón

Este aspecto otorga poder, en niveles superiores a los normales y también energía, fuerza de voluntad y valor. No le temen al peligro ni a la muerte. En ciertas personas habrá probablemente un comportamiento violento y criminal.

Conjunción Marte-ascendente

Estas personas son enérgicas y agresivas. Básicamente son líderes, y dejan su rastro por dondequiera que van. Pueden lograr muchas cosas si aprenden el arte de la diplomacia; de otra manera sólo harán enojar a los demás.

Conjunción Marte-MC

Estos individuos son muy ambiciosos y desean volverse importantes en la vida profesional. Se fijan objetivos y gastan muchas energías para alcanzarlos. Con este aspecto se benefician las carreras militares y políticas.

Conjunción Júpiter-Saturno

Este aspecto consta de fuerzas opuestas, el optimismo y la facilidad de Júpiter, con la tristeza y los problemas de Saturno. El resultado usual es que la persona debe soportar cargas pesadas a lo largo de la vida, pero tienen un elemento de ayuda y protección cuando las cosas son más difíciles. Quienes reciben esta influencia son optimistas hasta cierto punto, pues las reiteradas decepciones les pueden hacer perder ese optimismo.

Conjunción Júpiter-Urano

Este aspecto trae a la persona beneficios repentinos e inusuales. Quienes reciben esta influencia usualmente se oponen a la forma tradicional o establecida de hacer las cosas.

Conjunción Júpiter-Neptuno

Hay una tendencia al extremo idealismo, a menudo acompañada con falta de autodisciplina y practicidad. Estas personas suelen prometer más de lo que pueden entregar. Tienen gran imaginación. A veces tienen una habilidad psíquica considerable.

Conjunción Júpiter-Plutón

Este aspecto otorga gran concentración y una fuerte determinación para alcanzar objetivos. Usualmente estos objetivos son mejorar y beneficiarse a sí mismos y a los demás. Este aspecto favorece a administradores y jueces.

Conjunción Júpiter-ascendente

Estos individuos tienen confianza en sí mismos y son optimistas con gran habilidad de inspirar a los demás. Si la conjunción es afectada adversamente, probablemente serán obesos. Usualmente les gusta viajar.

Conjunción Júpiter-MC

Estas personas tienen excelentes posibilidades de ser importantes. Este aspecto favorece a la gente de negocios, a los miembros del clero, abogados y profesionales relacionadas con la ley y a los que trabajan en el campo de la educación.

Conjunción Saturno-Urano

El Saturno disciplinado tiene un efecto estabilizador en el Urano que es variable, produciendo genios, o una inteligencia cercana a la de un genio, práctica, original y creativa.

Estas personas tienen mucho que ofrecer al mundo. Disfrutan de los estudios serios tales como las matemáticas, la astrología y las ciencias.

Conjunción Saturno-Neptuno

Si la conjunción tiene aspectos favorables, otorga un gran poder de concentración. Favorece a los músicos y artistas y a aquellos involucrados en trabajos reservados. Si es afectada adversamente puede implicar toda clase de problemas tales como la depresión, el estar recluido en una institución y la morbosidad.

Conjunción Saturno-Plutón

Estos poderosos planetas se combinan para dotar a la persona con la habilidad para desarrollar trabajos de gran alcance y efectos duraderos. A menudo este trabajo será de carácter secreto. Quienes reciben esta influencia poseen mucho poder personal.

Conjunción Saturno-ascendente

Este aspecto indica dificultades al comienzo de la vida. Otorga seguridad, una naturaleza seria, la habilidad para trabajar duro, y usualmente un gran sentido de la responsabilidad.

Conjunción Saturno-MC

Estas personas casi siempre alcanzan altas posiciones en la vida, sin importar si tienen o no integridad. Si son íntegros tendrán éxito y lograrán honores, en caso contrario tendrán garantizada una gran caída.

Conjunción Urano-Neptuno

Esta conjunción ocurre cada 171 años y ejerce su influencia sobre toda una generación de gente más que de individuos en particular. Otorga buena imaginación y originalidad.

Conjunción Urano-Plutón

Ocurre cada 115 años y afecta a toda una generación. Puede producir habilidad psíquica a los individuos.

Conjunción Urano-ascendente

Estas personas son despiertas e individualistas. Sus poderes intuitivos están altamente desarrollados. A menudo estudian y practican la astrología. Insisten en tener libertad personal y no toleran la interferencia de los demás.

Conjunción Urano-MC

Este aspecto favorece a los empleos en electrónica, física, astrología y ciencias. Estas personas frecuentemente ganan fama y altas posiciones, pero pueden haber cambios repentinos en la reputación profesional.

Conjunción Neptuno-Plutón

Este aspecto influencia sutilmente la sociedad en general para elevar la conciencia de la gente a mayores niveles de amor y entendimiento. Este efecto es tan leve que puede no ser notado en los horóscopos individuales.

Conjunción Neptuno-ascendente

Definitivamente otorga habilidad psíquica. Quienes reciben esta influencia pueden ser hipnotistas profesionales.

Conjunción Neptuno-MC

Estos no son empleados estables. Se desempeñan mejor en profesiones que requieren imaginación creativa, por ejemplo la fotografía, la actuación, la música, la pintura y la psicología. Si la conjunción es afectada adversamente, hay peligro de escándalo público.

Conjunción Plutón-ascendente

Este aspecto otorga fuerza de voluntad, resistencia, y habilidad psíquica.

Conjunción Plutón-MC

Este aspecto casi garantiza fama o notoriedad, dependiendo del resto del horóscopo y de las elecciones individuales.

Los trinos

Trino Sol-Luna

Otorga un equilibrio armonioso en la persona. Asegura buena salud y la capacidad de recuperarse con facilidad. Estas personas tienden a congeniar bien con la familia y con los padres. Trabajan bien con los niños y tienen optimismo y confianza personal.

Trino Sol-Marte

Genera buena salud, fortaleza física, entusiasmo, habilidad de liderazgo, decisión, valor, ambición y fuerza de voluntad.

Trino Sol-Júpiter

Otorga los mismos atributos que el trino entre el Sol y Marte. Adicionalmente genera buena suerte, éxito y honestidad.

Trino Sol-Saturno

Este aspecto produce autodisciplina y gran habilidad para organizar. Además otorga una actitud práctica, honestidad, buenos poderes de concentración y una disposición conservadora. Estas personas no desperdician nada.

Trino Sol-Urano

Estos individuos tienen una voluntad fuerte, habilidad para el liderazgo, creatividad y magnetismo. Este aspecto a menudo genera buenos astrólogos.

Trino Sol-Neptuno

Buena intuición. Usualmente son personas espirituales que se expresan por medio de la música, del arte y la religión o brindando guía espiritual.

Trino Sol-Plutón

Estas personas tienen excepcionales poderes de concentración y un exceso de energía. A veces poseen habilidad para ser líderes.

Trino Sol-ascendente

Aspecto favorable para un buen matrimonio o asociaciones exitosas. Otorga mucha energía, fuerza de voluntad, confianza personal y optimismo.

Trino Sol-MC

Este aspecto da habilidad de liderazgo y aumenta las posibilidades de la persona para que obtenga éxito en su carrera. Esta es una configuración favorable para todas las ocupaciones en la vida pública.

Trino Luna-Mercurio

Este aspecto otorga sentido común y gran habilidad para los negocios. Son buenos comunicadores y a menudo hacen su trabajo por teléfono o por correo. Tienen muy buena memoria.

Trino Luna-Venus

Aspecto que otorga una disposición agradable y gran calidad de voz. También da feminidad y belleza. A menudo genera habilidad artística y buen gusto en general. Esta es una buena posición para las artes escénicas.

Trino Luna-Marte

Emociones controladas y constructivas. Estas personas luchan por lo que creen que es correcto. Combinan acción con imaginación.

Trino Luna-Júpiter

Estos individuos se dedican al hogar, la familia y los padres. Tienen imaginación expansiva. A menudo obtienen riqueza a través de herencias o de su propia habilidad en los negocios.

Trino Luna-Saturno

Quienes reciben esta influencia tienen dignidad y sentido de responsabilidad. Son hábiles para organizar, cautelosos, conservadores y honestos y tienene sentido común. Son astutos para los negocios.

Trino Luna-Urano

Estas personas no son convencionales y tienen gran imaginación. Son originales y enérgicos. A menudo se interesan por la astrología y poseen cierta habilidad psíquica.

Trino Luna-Neptuno

Provee una habilidad psíquica excepcional. Quienes reciben su influencia suelen seguir carreras relacionadas con la psicología.

Trino Luna-Plutón

Este aspecto genera gran poder personal y control emocional. También otorga mucho valor y determinación.

Trino Luna-ascendente

Estas personas expresan sus emociones de manera constructiva. También suelen manejar armoniosamente en el matrimonio.

Trino Luna-MC

Este aspecto favorece a un buen matrimonio y a la vida familiar. También les permite a las personas que están bajo su influencia a conducirse con éxito con quienes ejercen posiciones de autoridad.

Trino Mercurio-Marte

Este aspecto otorga gran energía mental y concentración. Quienes reciben esta influencia son oradores enérgicos y dramáticos. A menudo incursionan en abogacía, milicia, política, o cualquier otra profesión que les de permita ejercer el liderazgo.

Trino Mercurio-Júpiter

Este aspecto genera una mente rápida que absorbe información con efectividad. Estas personas tienen integridad y son honestas. Usualmente les gusta viajar.

Trino Mercurio-Saturno

Estos individuos son amigos leales. Usualmente tienen una gran destreza manual. Poseen una mente bien organizada y son atraídos por trabajos de exactitud. Este aspecto también otorga buena memoria.

Trino Mercurio-Urano

Estas personas son especialmente aptas para la investigación. También tienen gran capacidad para el estudio y la práctica de la astrología. No se dejan guiar por los demás sino que forman su propia opinión.

Trino Mercurio-Neptuno

Este aspecto une la mente lógica con la espiritual para generar habilidad en las dos áreas. Hay bastante intuición y a menudo habilidad artística.

Trino Mercurio-Plutón

Hay gran habilidad mental para examinar a fondo en los campos más profundos y entenderlos. Este es un aspecto excelente para los físicos y las personas que trabajan en energía nuclear. También favorece a los escritores de historias de suspenso y de misterio.

Trino Mercurio-ascendente

Estas personas son bastante hábiles para influenciar a los demás. Tienen mentes inteligentes, rápidas y agudas.

Trino Mercurio-MC

Quienes reciben esta influencia sobresalen en cualquier profesión que haga uso de sus excelentes habilidades mentales y comunicativas.

Trino Venus-Marte

Este aspecto es favorable para ser felices en el matrimonio y en los affairs amorosos. Se expresan enérgica y armoniosamente. Son divertidos para enarmorarse de ellos y usualmente tienen un atractivo sexual.

Trino Venus-Júpiter

En un horóscopo que sea débil en general, este aspecto genera pereza, pues las cosas fluyen con facilidad para la persona. De otra manera, esta posición otorga armonía y una disposición agradable y optimista. Usualmente hay un potencial creativo.

Trino Venus-Saturno

Estos individuos son usualmente astutos para los negocios. También son amigos leales y son buenas parejas en el matrimonio. A veces parecen demasiado serios o tímidos.

Trino Venus-Urano

Buena suerte repentina (especialmente económica) se asocia con este aspecto. Quienes reciben esta influencia son burbujeantes, gente alegre que quiere a los demás.Tienen mucho atractivo sexual y no les resulta difícil atraer affairs amorosos.

Trino Venus-Neptuno

Estas personas son genios creativos, especialmente en el arte y la música. Son muy románticos, y son atraídos por affairs o amantes poco comunes.

Trino Venus-Plutón

Estas son personas definitivamente románticas que tienen fuertes impulsos sexuales. Poseen una naturaleza emocional intensa y a menudo se enamoran a primera vista.

Trino Venus-ascendente

Este aspecto otorga gracia, armonía, atractivo y encanto. Quienes reciben esta influencia son a menudo populares y tienen matrimonios exitosos.

Trino Venus-MC

Belleza, encanto y gracia juegan un papel importante para el éxito de las personas influenciadas por este aspecto. Si un artista tiene esta posición tiene garantizado el reconocimiento público.

Trino Marte-Júpiter

Este aspecto genera acción constructiva, energía y entusiasmo. Si estas personas son religiosas, ponen en acción sus creencias.

Trino Marte-Saturno

Estos individuos son astutos y trabajan mucho para satisfacer sus ambiciones. Son hábiles, osados y tienen una gran fuerza de voluntad. Poseen la capacidad de asumir grandes responsabilidades, resistirse a los problemas o incluso enfrentar el peligro.

Trino Marte-Urano

Las personas que tienen esta influencia son muy francas y puede ser difícil para los demás el tratarlas. Son ingeniosos y originales, a menudo crean métodos nuevos para hacer las cosas.

Trino Marte-Neptuno

Este aspecto otorga una sensibilidad aguda que permite detectar la falsedad en los demás, percibir el peligro y utilizar habilidades psíquicas innatas. Esta posición a menudo la tienen las personas que trabajan con líquidos.

Trino Marte-Plutón

Estos son luchadores despiadados que no dan tregua para defender lo que creen que es correcto. Viven la vida dinámicamente y tienen una fuerza de voluntad inquebrantable.

Trino Marte-Ascendente

Estas personas son activas, decididas, y poseen gran fuerza de voluntad.

Trino Marte-MC

Trabajan mucho para alcanzar el éxito en sus profesiones y cuidar a su familia.

Trino Júpiter-Saturno

Este aspecto otorga habilidades administrativas, en las finanzas y en los negocios. También da honestidad, sentido común e integridad. Quienes reciben esta influencia generalmente tienen temperamento frío y son solemnes.

Trino Júpiter-Urano

Suelen tener aversión por las normas o restricciones; desean libertad ilimitada. A veces son verdaderos genios. Tienen habilidad creativa.

Trino Júpiter-Neptuno

Este es un aspecto básicamente psíquico; otorga la habilidad para interactuar con la conciencia cósmica. Quienes reciben su influencia prefieren vivir cerca al agua y lejos de los centros urbanos.

Trino Júpiter-Plutón

Es una posición que genera gran poder creativo. Estos individuos pueden canalizar su concentración, lo cual les permite alcanzar mucho a través de la meditación.

Trino Júpiter Ascendente

Este aspecto da una actitud constructiva y optimista. Quienes reciben su influencia son entusiastas, tienen confianza en sí mismos y buena voluntad frente a los demás. Usualmente llevan matrimonios armoniosos.

Trino Júpiter-MC

Generalmente llegan a un punto alto en sus profesiones debido a sus actitudes constructivas. Este aspecto favorece la religión y la ley.

Trino Saturno-Urano

Esta posición es favorable para carreras en ciencia, astrología, matemáticas, o relacionadas con el liderazgo en grupos. Estas personas son prácticas y tienen gran fuerza de voluntad.

Trino Saturno-Neptuno

Estos son buenos organizadores que funcionan mejor privadamente o en trabajos reservados como la investigación. Son analistas hábiles, lo cual los hace aptos para trabajar con inversiones.

Trino Saturno-Plutón

Estos individuos tienen a menudo una misión kármica que cumplir. Trabajan incansablemente por alcanzar sus objetivos. Buen aspecto para cargos administrativos.

Trino Saturno ascendente

Poseen una conducta decorosa y conservadora, y nunca actúan impulsivamente. Usualmente son dignos de confianza. Si están casados, el matrimonio será estable.

Trino Urano-Neptuno

Este aspecto dura muchos años y afecta a una generación completa de personas. En cartas individuales genera interés por los asuntos esotéricos tales como la astrología y los fenómenos psíquicos.

Trino Urano-Plutón

Este aspecto también dura muchos años y afecta a toda una generación. En cartas individuales otorga un interés por la vida después de la muerte y la reencarnación.

Trino Urano-ascendente

Estas personas frecuentemente son clarividentes o intuitivas. Son originales y tienen mucha fuerza de voluntad. Poseen la habilidad de ser líderes naturales que inspiran a los demás.

Trino Urano-MC

Usualmente trabajan en campos "poco comunes" y logran éxito, a veces fama, que en ocasiones les llega inesperadamente.

Trino Neptuno-Plutón

Este aspecto dura muchísimo tiempo, afectando a toda una generación. Sus efectos se notan apenas en cartas individuales, excepto por una tendencia a los asuntos psíquicos.

Trino Neptuno-ascendente

Tienen una intuición bien desarrollada. A menudo aparecen ante los demás como intrigantes o misteriosos, generalmente tinen una buena relación de comunicación con sus parejas.

Trino Neptuno-MC

Usan su excelente intuición en el trabajo, con efectividad, para solucionar problemas y tratar con sus superiores. Usualmente tienen relaciones estrechas con los padres. A menudo viven cerca al agua.

Trino Plutón-ascendente

Este aspecto otorga una gran fuerza de voluntad y excelentes poderes de concentración. Estas personas inspiran a los demás.

Trino Plutón-MC

Estos individuos buscan posiciones de liderazgo en la profesión que ejercen. Pueden ser ejecutivos, que pisan fuerte y tienen visión.

Sextiles

Sextil Sol-Luna

Este aspecto genera popularidad y un matrimonio armonioso. Estas personas se hacen fácilmente de amigos del sexo opuesto.

Sextil Sol-Marte

Energía, fuerza de voluntad, decisión y liderazgo se asocian con este aspecto. También hay valor y habilidad para resistir los problemas.

Sextil Sol-Júpiter

Este aspecto da gran protección a la persona; quienes reciben su influencia rara vez se perjudican seriamente. Son generosos, confiables, optimistas y usualmente les gusta viajar.

Sextil Sol-Saturno

Estas personas son metódicas y prácticas, tienen mucha paciencia y autodisciplina. A menudo se muestran serios pero, son amigos leales.

Sextil Sol-Urano

Este aspecto favorece a los inventores, pues tienen mentes perceptivas y mucha fuerza de voluntad para crear cosas que otros son incapaces de hacer. Estas son personas magnéticas que inspiran a los demás.

Sextil Sol-Neptuno

Este aspecto otorga buena imaginación y poderes de visualización. Quienes reciben esta influencia son bastante sensibles a las emociones de otras personas. Aman a los animales.

Sextil Sol-Plutón

Gran fuerza de voluntad, ingenio y excepcional resistencia son los rasgos de este aspecto.

Sextil Sol-ascendente

Este es un aspecto bueno para un matrimonio exitoso. Estas personas son entusiastas y creativas; además expresan su energía armoniosamente.

Sextil Sol-MC

Se desenvuelven bien en la profesión. También tienen habilidad para ser líderes.

Sextil Luna-Mercurio

Pulcritud, limpieza y buena higiene se asocian con este aspecto. Estos individuos son buenos comunicadores. También tienen buena memoria.

Sextil Luna-Venus

Este aspecto es favorable para todos los asuntos asociados con el matrimonio y la vida familiar. Quienes reciben esta influencia son cariñosos y usualmente populares.

Sextil Luna-Marte

Estas personas luchan para proteger a la familia y al hogar. Tienen mucha energía.

Sextil Luna-Júpiter

Tienen mano para las plantas. Son personas alegres, honestas y optimistas.

Sextil Luna-Saturno

Estos individuos son prácticos, sobrios y generalmente poseen integridad. Ante los demás suelen parecer aburridos.

Sextil Luna-Urano

Estas personas pueden observar rápidamente una oportunidad, y saben cómo tomar ventaja de ella. Tienen muchas amigas mujeres. A veces su madre es una persona poco común.

Sextil Luna-Neptuno

Definitivamente este aspecto genera habilidad psíquica y quienes la poseen usualmente saben cómo usarla de la mejor manera.

Sextil Luna-Plutón

Estas personas usan sus mentes para crear la realidad que desean. Estas personas no tienen mucho desorden en su vida.

Sextil Luna-ascendente

Este aspecto otorga armonía interior, entre ellas y con los demás en general y en el matrimonio.

Sextil Luna-MC

Esta posición genera armonía con los supervisores y compañeros de trabajo. También es favorable para una vida familiar armoniosa.

Sextil Mercurio-Venus

Gracia en el comportamiento, habilidad al hablar y escribir, y una disposición calma son los rasgos característicos de este aspecto.

Sextil Mercurio-Marte

Estos individuos planean lo que van a hacer y luego lo realizan. De este modo son eficientes y productivos. También tienen mentes agudas.

Sextil Mercurio-Júpiter

Este aspecto se relaciona con actividades intelectuales, especialmente en religión, filosofía y educación. Quienes reciben esta influencia atraen cosas buenas para sí mismos. Por lo general les gusta viajar.

Sextil Mercurio-Saturno

Este es el aspecto principal de la mente bien disciplinada. La mente de las personas influenciadas es precisa, práctica y minuciosa.

Sextil Mercurio-Urano

Mentes rápidas e ingeniosas con una buena memoria son las características de este aspecto. Quienes reciben su influencia tienen destellos repentinos de conocimiento o inspiración que les permite solucionar problemas.

Sextil Mercurio-Neptuno

Este aspecto favorece a los fotógrafos y escritores. Estas personas a menudo pueden ser intuitivas respecto de lo que otra gente es capaz de hacer. Trabajan privadamente o en proyectos secretos.

Sextil Mercurio-Plutón

Estos individuos pueden expresarse poderosa y efectivamente. Tienen una gran fuerza de voluntad.

Sextil Mercurio-ascendente

Este aspecto otorga la habilidad para comunicarse excepcionalmente bien con los demás.

Sextil Mercurio-MC

La habilidad para comunicarse bien permite que estas personas ejerzan bien su profesión. También son buenos planificadores.

Sextil Venus-Marte

Este aspecto promueve armonía entre los sexos. Los influenciados por él son usualmente felices y llenos de energía. A veces se vuelven ricos y siempre son generosos con los demás.

Sextil Venus-Júpiter

Este aspecto otorga buena suerte y una vida fácil y confortable. Estas personas son usualmente bastante populares.

Sextil Venus-Saturno

Este aspecto genera habilidades artísticas excepcionales. Quienes reciben su influencia tienden a ser formales. Son sobrios y tienen buen juicio para usar el dinero.

Sextil Venus-Urano

Estas personas se enamoran y casan repentinamente. Son populares y tienen muchos amigos. Usualmente el matrimonio y las amistades les traen buena fortuna.

Sextil Venus-Neptuno

Este aspecto genera una aguda imaginación artística. En un horóscopo débil, probablemente estas personas son perezosas y dependen de la ayuda de los demás.

Sextil Venus-Plutón

A menudo el matrimonio de estas personas parece ser predeterminado. Este aspecto favorece la creatividad en la música y el arte.

Sextil Venus-ascendente

Estos individuos tienen gracia y armonía al expresarse. A veces actúan como pacificadores entre grupos opositores.

Sextil Venus-MC

Estos son diplomáticos naturales. Encuentran alegría en el hogar y en su profesión.

Sextil Marte-Júpiter

Estas personas rara vez son perezosas. Trabajan arduamente para ayudar a los menos afortunados. A menudo son misioneros, o están comprometidos en alguna actividad religiosa. Son invensibles.

Sextil Marte-Saturno

La palabra clave aquí es fortaleza. Hay una mezcla equilibrada de disciplina y energía para producir trabajadores incansables, prácticos y eficientes.

Sextil Marte-Urano

Estas personas saben exactamente lo que quieren y lo buscan con valor, acciones rápidas y fuerza de voluntad. Son gente con carácter.

Sextil Marte-Neptuno

Quienes reciben esta influencia pueden percibir los motivos de los demás, por lo tanto no pueden ser engañados fácilmente. Cualquier profesión que requiera imaginación excepcional y energía superior, necesita personas con este aspecto en la carta natal.

Sextil Marte-Plutón

Las palabras claves aquí son gran valor, fuerza de voluntad y mucha energía.

Sextil Marte-ascendente

Estas personas ganan respeto debido a que son abiertas y directas en sus negocios.

Sextil Marte-MC

Este es un aspecto favorable para asuntos familiares y profesionales. Los que tienen esta influencia usan a veces la casa como base para sus actividades laborales.

Sextil Júpiter-Saturno

Este aspecto otorga un equilibrio entre la comunicación, el optimismo y el entusiasmo de Júpiter y la cautela, el sentido práctico y la organización de Saturno.

Sextil Júpiter-Urano

Estos individuos son buenos astrólogos, también buenas personas y altruistas. A menudo tienen buena suerte de manera inesperada

Sextil Júpiter-Neptuno

Estas personas tienen a menudo gran imaginación, pero suelen carecer de sentido común para saber cómo usarla. Tienden a ser demasiado sentimentales.

Sextil Júpiter-Plutón

Este aspecto a menudo significa sabiduría y conocimiento.

Sextil Júpiter-ascendente

Aquí se indica buena suerte en el matrimonio y en el trato con el público. Estas personas saben cómo entusiasmar a los demás, lo cual les permite ser promotores exitosos en cualquier empresa en que estén involucrados.

Sextil Júpiter-MC

Estas son personas honestas y generosas, que ganan popularidad en sus negocios profesionales. Usualmente tienen buena reputación.

Sextil Saturno-Urano

Los que reciben esta influencia saben cómo tomar ideas originales o disparatadas y aplicarlas en forma práctica. Son amigos leales y confiables.

Sextil Saturno-Neptuno

Tienen la habilidad de disciplinarse y concentrar sus poderes de imaginación para producir resultados prácticos.

Sextil Saturno-Plutón

Estas personas saben cómo usar el poder sabiamente. El resto del horóscopo debe ser fuerte para que este aspecto tenga bastante influencia en la vida del individuo.

Sextil Saturno-ascendente

Las palabras claves aquí son integridad, sentido de responsabilidad, confiabilidad, seriedad, autodisciplina y buena organización. Estas personas son respetadas, aunque parecen frías e impersonales.

Sextil Saturno-MC

Estos individuos, si trabajan en una organización establecida, ascenderán paulatinamente debido a que sus superiores les tienen confianza. Por lo general les gusta la tradición.

Sextil Urano-Neptuno

Este aspecto dura muchos años, afectando a toda una generación, y usualmente no es importante en un horóscopo individual. Puede haber habilidad artística.

Sextil Urano-Plutón

Los individuos pueden tener destellos intuitivos repentinos acerca de cómo producir cambios constructivos.

Sextil Urano-ascendente

Estas son personas poco comunes que permanecen aparte de la multitud. Otros los encuentran interesantes. A veces deciden casarse repentinamente, o la ceremonia de matrimonio puede ser inusual.

Sextil Urano-MC

A menudo avanzan profesionalmente a través de la ayuda de amigos. Frecuentemente reciben amistades en la casa.

Sextil Neptuno-Plutón

Este aspecto tiene una gran duración y generalmente no es significativo en horóscopos individuales, a menos que uno de los dos planetas esté en una casa angular (primera, cuarta, séptima, décima). En este caso habrá habilidad psíquica o científica inusual.

Sextil Neptuno-ascendente

Este aspecto genera clarividencia u otras habilidades extrasensoriales. Algunos encuentran a estas personas encantadoras y se atraen a ellas magnéticamente.

Sextil Neptuno-MC

Este aspecto otorga excelente intuición en la vida profesional, permitiendo que la persona perciba y entienda las cosas sutiles y ocultas.

Sextil Plutón ascendente

Buenos poderes de concentración acompañan a este aspecto. Quienes reciben su influencia actúan decididamente.

Sextil Plutón-MC

Se indica ambición y una considerable habilidad profesional.

Cuadraturas

Cuadratura Sol-Luna

La autoexpresión creativa es usualmente bloqueada por la familia de la persona. Estos individuos generalmente tienen dificultad para congeniar con el sexo opuesto; se sienten inseguros.

Cuadratura Sol-Marte

Estos son individuos argumentativos que tratan de alcanzar sus objetivos a la fuerza, antagonizando de este modo a los demás. Ellos mismos son sus peores enemigos a causa del comportamiento agresivo y tosco que poseen. A veces hay "explosiones" temperamentales.

Cuadratura Sol-Júpiter

Tienen una visión poco realista de ellos mismos. Usualmente son muy derrochadores y pueden despilfarrar el dinero más rápido de lo que pueden ganarlo.

Cuadratura Sol-Saturno

Este aspecto aparentemente pone una cadena sin fin de obstáculos en el camino de una persona, creando una vida de problemas. Si la persona es fuerte, esta posición genera carácter; si no es así, aniquila a la persona.

Cuadratura Sol-Urano

Este aspecto produce comportamiento variable, ideas poco prácticas y falta de autodisciplina. Quienes reciben esta influencia a menudo no recogen la recompensa a su trabajo debido al comportamiento irracional que manifiestan, el cual crea enemigos.

Cuadratura Sol-Neptuno

Estas personas generalmente sufren de autoengaño, y tienen la tendencia a tratar de evitar responsabilidades. Frecuentemente tienen relaciones amorosas secretas y se involucran en escándalos.

Cuadratura Sol-Plutón

Estos individuos son enérgicos y dominantes, crean resentimiento en los demás. Son agresivos con el sexo opuesto.

Cuadratura Sol-ascendente

Estas personas tienen dificultad para tratar con la gente con los compañeros (incluyendo el matrimonio). Parecen que no saben presentar su verdadero yo. Usualmente tratan de dominar a los demás.

Cuadratura Sol-MC

Hay conflictos entre la carrera y la vida familiar. Estas personas generalmente congenian con sus jefes o con sus compañeros de trabajo.

Cuadratura Luna-Mercurio

Hay tendencia a problemas con el sistema nervioso y digestivo. Estos son los clásicos "pesados" que no paran de hablar cosas sin sentido, hasta cansar a quienes los escuchan.

Cuadratura Luna-Venus

Confían demasiado en su cónyuge u otros compañeros, quienes se aprovechan de ello. Se involucran en situaciones amorosas imprudentes. A veces tienen simplemente mala suerte.

Cuadratura Luna-Marte

Este aspecto otorga emociones inestables. No congenian con las mujeres. Debido a que tienen poco control sobre sus emociones, deben evitar el uso del alcohol.

Cuadratura Luna-Júpiter

Esta gente siente debilidad a los lamentos, y en general se los toma como que son debido a pérdidas financieras. Los viajes al extranjero probablemente les traen algún tipo de infortunio. A veces son simplemente perezosos.

Cuadratura Luna-Saturno

Están constantemente deprimidos, tristes, de mal humor, infelices, etc. Parece que una nube negra esté siempre persiguiéndolos. A menudo sienten complejo de inferioridad.

Cuadratura Luna-Urano

Estas personas generalmente poseen ingenio y gran talento, pero también tienden a la perversidad y tienen cambios de humor repentinos. A menudo sus vidas son atormentadas con desgracias que ocurren de un momento a otro, tales como accidentes, catástrofes, enfermedades, etc.

Cuadratura Luna-Neptuno

Estas personas viven en un mundo de fantasía confuso. A este aspecto se lo asocia con el abuso de alcohol y de drogas. Puede haber psicosis o locura. A menudo se convierten en parásitos sociales.

Cuadratura Luna-Plutón

A estos individuos no les gusta ser restringidos por nada ya sea en el trabajo, en el matrimonio, por las leyes, etc.

Cuadratura Luna-ascendente

Con este aspecto se asocian dificultades para la autoexpresión. También crea problemas en todas las relaciones, incluyendo al matrimonio.

Cuadratura Luna-MC

Tienen problemas emocionales con los padres o la familia. Estos inconvenientes interfieren en el trabajo, causando problemas adicionales con sus empleadores.

Cuadratura Mercurio-Marte

Estas personas carecen de tacto, sacan conclusiones, tienen un razonamiento parcial, y son argumentativas. Como resultado, no lo hacen bien en trabajos relacionados con el público.

Cuadratura Mercurio-Júpiter

Estos individuos prometen más de lo que pueden entregar. Intentan cosas que están más allá de su capacidad. Generalmente tienen buenas intenciones, pero carecen de sentido común. No pueden mantener secretos.

Cuadratura Mercurio-Saturno

Aquí se indica inhibición mental. Esto puede ser una mente cerrada, falta de imaginación, atención a detalles sin importancia, o pesimismo. En algunos casos son intrigantes deshonestos.

Cuadratura Mercurio-Urano

Una disposición nerviosa y a ideas disparatadas. Quienes reciben la influencia de este aspecto no aceptan consejo de nadie. Pueden ser perversos, hacer juicios rápidos y ser bastante variables.

Cuadratura Mercurio-Neptuno

Este aspecto genera desorganización mental general y falta de memoria. Esta gente no puede, de ninguna manera, mantener un secreto. Tienen gran dificultad para comunicarse con claridad.

Cuadratura Mercurio-Plutón

Tienen mucha fuerza de voluntad, pero usualmente la usan de manera destructiva. Son brutalmente francos, dicen exactamente lo que piensan en forma tosca, sin importar si están hiriendo a alguien.

Cuadratura Mercurio-ascendente

Se expresan con dificultad al hablar y escribir, lo cual les causa problemas para comunicarse con los demás. Como resultado tienen constantes inconvenientes en la vida personal y el mundo en general.

Cuadratura Mercurio-MC

Se comunican mal en el hogar y en el trabajo, y en éste les ocurren problemas serios.

Cuadratura Venus-Marte

Aquí se indican problemas en el amor y en las relaciones. Tienden a usar a otros sólo para satisfacción sexual. Carecen de refinamiento en la conducta social. Si no controlan sus pasiones, pueden resultar muy perjudicados.

Cuadratura Venus-Júpiter

Sobreindulgencia y pereza son las palabras claves aquí. Estos individuos no aprecian los verdaderos valores de la vida y a menudo son moralmente corruptos.

Cuadratura Venus-Saturno

La vida es excepcionalmente dura para estas personas. Son comunes los amores frustrados y los problemas económicos. A veces se obsesionan por buscar riqueza, sin importar lo que deban hacer para obtenerla.

Cuadratura Venus-Urano

Este aspecto usualmente indica divorcio, pues estas personas no sacrifican su libertad para hacer que un matrimonio funcione. Con esta posición también puede haber inconstancia.

Cuadratura Venus-Neptuno

Lo clave de este aspecto es el uso imprudente del afecto y el sexo. Puede haber algo de deshonestidad en el matrimonio, hasta perversión u homosexualidad. Si Venus o Neptuno tiene aspectos favorables, entonces la persona dirigirá su energía sexual de buena manera, por ejemplo en el arte o la escritura, y no en el abuso.

Cuadratura Venus-Plutón

Hay una tendencia a entregarse a pasiones sexuales irresistibles. A veces acontecimientos externos, tales como guerras, interfieren en la felicidad personal. Es probable que el matrimonio sea motivado más por materialismo que por amor.

Cuadratura Venus-ascendente

La persona puede ser demasiado sensible emocionalmente, precipitando de este modo problemas en el matrimonio.

Cuadratura Venus-MC

Estas personas no se encuentran realizadas en el trabajo y en la vida familiar. Lo más probable es que no se se lleven bien con sus padres.

Cuadratura Marte-Júpiter

Este es un aspecto muy destructivo que puede ser encontrado en el horóscopo de los que glorifican la guerra, los que tienen tendencias violentas que exponen con el pretexto de buscar justicia social, aquellos que se adhieren a religiones fanáticas que a menudo usan la violencia contra los opositores, etc.

Cuadratura Marte-Saturno

Con este aspecto se asocian problemas físicos, violencia, accidentes, huesos rotos, ira incontrolada, condiciones peligrosas y crueldad. Los militares suelen tener esta posición.

Cuadratura Marte-Urano

Los individuos que tengan este aspecto poseen una clara posibildad de muerte por accidente, pues tienden a ser imprudentes, impulsivos, y reaccionan repentinamente sin primero hacer un buen juicio.

Cuadratura Marte-Neptuno

Este aspecto indica droga, alcohol y abuso sexual. En horóscopos fuertemente afectados, puede haber deshonestidad, o incluso actividad criminal.

Cuadratura Marte-Plutón

Esta es una configuración peligrosa debido a que la persona se inclina a usar la fuerza para conseguir todo lo que quiere. En un horóscopo bueno, indica gran valor. Estos individuos son atraídos por situaciones violentas tales como guerras, rebeliones, y motines; a menudo tienen una muerte trágica.

Cuadratura Marte-ascendente

Estas personas pueden ser peleadoras. Tienden a ser demasiado agresivas en sus relaciones con los demás.

Cuadratura Marte-MC

Generalmente tienen problemas en el trabajo y el hogar. También tienen tendencia a tener problemas con la ley.

Cuadratura Júpiter-Saturno

Hay dificultades en los negocios o en asuntos financieros. A veces esto se debe a un mal planeamiento o a un juicio equivocado. Estos individuos a veces carecen de confianza en sí mismos, o no toman la iniciativa en el momento correcto.

Cuadratura Júpiter-Urano

Estas son personas inquietas que constantemente buscan aventura, a menudo a través de viajes. Usualmente se trata de bohemios.

Cuadratura Júpiter-Neptuno

Son habladores habilidosos cuyas palabras carecen de sentido, pues nunca las respaldan con acciones constructivas. Tienden a ser perezosos, y a vivir en un mundo de sueños aunque el mundo se real se caiga abajo.

Cuadratura Júpiter-Plutón

Estos individuos no vacilan en tomar la ley con sus propias manos para cambiar la sociedad e imponer sus ideas. Usualmente no son gente agradable ni populares.

Cuadratura Júpiter-ascendente

Estas personas tienden a mostrarse demasiado tratando de impresionar.

Cuadratura Júpiter-MC

Los que reciben esta influencia tienen grandes ideas acerca de sus potenciales logros. Necesitan más humildad y sentido común.

Cuadratura Saturno-Urano

Estos individuos muestran un comportamiento radical y conservador. Tienden a ser dictadores, y son opresivos con quienes tienen visiones diferentes a las de ellos. Es posible que sufran desgracias repentinas.

Cuadratura Saturno-Neptuno

Este aspecto genera complejo de inferioridad. Algunos tienden a esquivar estas personas por su comportamiento peculiar. También hay diversas fobias asociadas a esta configuración.

Cuadratura Saturno-Plutón

Estas personas a menudo sienten que llevan el peso de todo el mundo en sus hombros, pues este aspecto genera grandes responsabilidades y muchas decepciones.

Cuadratura Saturno-ascendente

Los que reciben esta influencia son excluidos de la actividad social, debido a que son fríos e insensibles. Tienen dificultades para encontrar pareja para casarse, y si lo hacen tienen tendencia a divorciarse. Tienen pocos amigos, o tal vez ninguno.

Cuadratura Saturno-MC

Deben trabajar muchísimo para cuidar a su familia, pues siempre llevan cargas pesadas sobre sus hombros. Llevan en general una vida llena de obstáculos que impiden la felicidad.

Cuadratura Urano-Neptuno

Este cuadratura dura muchos años, e influencia a toda una generación. Generalmente no es importante en cartas individuales a menos que uno de los dos planetas sea bastante fuerte en la carta. Tiende a hacer que los individuos sean propensos al nerviosismo.

Cuadratura Urano-Plutón

Este aspecto dura muchos años y no es de importancia en cartas individuales a menos que Urano o Plutón ejerza una fuerte influencia. Los individuos nunca se sienten seguros, sin importar lo que tengan.

Cuadratura Urano-ascendente

Estos individuos son inconformistas hasta el punto que se crean problemas a ellos mismos. Son propensos al divorcio, debido a que no quieren perder un poco de libertad personal para hacer que el matrimonio funcione bien.

Cuadratura Urano-MC

Quienes reciben esta influencia se rehusan a aceptar cualquier rutina. Son rebeldes frente a la autoridad —el jefe, el gobierno, los padres. Cambian frecuentemente de empleo y residencia sin una razón válida. Tienen el síndrome de hippie.

Cuadratura Neptuno-Plutón

Este aspecto rige condiciones gubernamentales y sociales corruptas durante generaciones. No hay nadie vivo hoy día que tenga esta posición en la carta natal.

Cuadratura Neptuno-ascendente

Este aspecto denota personas poco confiables, confusas y engañosas, que viven en su propio mundo de sueños.

Cuadratura Neptuno-MC

A menos que el resto del horóscopo anule esta influencia, la persona será desorganizada, perezosa, poco confiable, ineficiente, y a veces deshonesta. Un buen aspecto de Neptuno con otro planeta es usualmente suficiente para anular esta aspecto.

Cuadratura Plutón-ascendente

Este aspecto caracteriza una tendencia a la agresividad y el comportamiento antisocial. Casi siempre se da el divorcio y hay una alta probabilidad de pleitos legales.

Cuadratura Plutón-MC

Estas personas quieren que las cosas se ajusten a sus requerimientos y por ello causan muchos conflictos. Tienden a no congeniar muy bien con supervisores o autoridades en general.

Oposiciones

Oposición Sol-Luna

Estas personas nacen durante el período de Luna llena, lo cual les genera dificultad para relacionarse con los demás. Debido a relaciones extenuantes, se pueden originar problemas de salud, especialmente enfermedades psicosomáticas o trastornos nerviosos. Si el Sol o la Luna forman un trino con otro planeta, esto reducirá bastante el efecto del estigma de la Luna llena.

Oposición Sol-Marte

Es extremadamente difícil tratar a estos individuos, pues siempre quieren discutir o pelear. Debido a que continuamente están dándose valor, ésto les produce una tensión excesiva al corazón.

Oposición Sol-Júpiter

Estas personas son demasiado optimistas; prometen mucho pero entregan poco. A veces son arrogantes.

Oposición Sol-Saturno

A estas personas les es difícil lograr amistades debido a que son demasiado formales, inflexibles, e incluso fríos. Como resultado, si llegan a casarse, lo hacen en un momento tarde en la vida. A menudo no tienen hijos.

Oposición Sol-Urano

Es difícil congeniar con estos individuos debido a que insisten en que todo se haga como ellos dicen. También tienden a ser tensos e irritables, lo cual hace que los demás se sientan incómodos. Hacen cosas disparatadas sin una buena razón, sólo para sentir que están realizando algo.

Oposición Sol-Neptuno

Este aspecto genera confusión y prejuicios. Los que reciben su influencia a menudo son falsos y deshonestos; además tienden a vivir en su propio mundo de fantasía.

Oposición Sol-Plutón

Este es el clásico aspecto de los dictadores —un comportamiento extremadamente autoritario que exige a los demás que hagan lo que ellos quieren, y un deseo de transformar al mundo de acuerdo a sus creencias personales. Obviamente, la vida de estas personas está a menudo en peligro.

Oposición Luna-Mercurio

Estos son los típicos "pesados" que todo el mundo quiere evitar. Nunca se callan y nunca dicen algo que valga la pena escuchar. Tampoco pueden recibir críticas de ningún tipo.

Oposición Luna-Venus

Este aspecto genera excesos sexuales y dietéticos. Son comunes los problemas domésticos.

Oposición Luna-Marte

Con esta oposición es común el alcoholismo. Los que reciben esta influencia son temperamentales por cosas insignificantes que pueden ser seguidas con violencia. Los hombres tienden a tratar mal las mujeres y éstas tienden a ser poco femeninas. También hay tendencia a la irresponsabilidad.

Oposición Luna-Júpiter

Con este aspecto se asocia el comer en exceso, y la extravagancia en general. Quienes reciben esta influencia tienden a ser derrochadores; también hablan demasiado pero no actúan.

Oposición Luna-Saturno

Experiencias a comienzos de la infancia usualmente tienen un marcado efecto sobre estos individuos, dejándolos deprimidos e incapaces de establecer amistades. Tienen dificultad para tratar los jefes (figuras paternas), creando así conflictos en el trabajo que usualmente se transmiten a la escena familiar.

Oposición Luna-Urano

Las características de este aspecto son la perversidad, la inestabilidad, los cambios de humor repentinos y la irritabilidad. Las madres descuidan a sus hijos y los hombres desatienden a sus esposas.

Oposición Luna-Neptuno

El alcohol y el abuso de drogas son comunes con este aspecto. La vida familiar de las personas influenciadas es confusa, debido a la pereza e irresponsabilidad. A veces están involucrados en hacer dinero de forma poco clara.

Oposición Luna-Plutón

Las emociones intensas les causan problemas en las relaciones con la familia y con los amigos. A veces hay disputas familiares relacionadas con herencias.

Oposición Mercurio-Marte

Estos individuos son propensos a discutir por cualquier cosa, lo cual los hace poco populares. No tienen la capacidad de ver el punto de vista de otra persona.

Oposición Mercurio-Júpiter

Son soñadores que hablan mucho pero no actúan. Si van a la universidad, estudian alguna carrera que no tiene valor práctico una vez que se gradúan.

Oposición Mercurio-Saturno

Estas son personas críticas que ven el lado oscuro de todo. Tienden a tener una mente cerrada y a querer opinar sobre todo. Pueden padecer problemas respiratorios; fumar es especialmente dañino para quienes reciben esta influencia.

Oposición Mercurio-Urano

Estos individuos tienden a tener poco tacto, a ser francos e indiscretos, testarudos, excéntricos y presumidos. Nadie puede hacer que cambien la mentalidad, pero ellos pueden cambiar de parecer docenas de veces al día.

Oposición Mercurio-Neptuno

El engaño es una tendencia común generada por este aspecto.

Oposición Mercurio-Plutón

Estas personas a menudo tratan información secreta o peligrosa, lo cual les causa gran tensión mental. Los espías y detectives a veces están asociados con esta posición. En casos extremos, la naturaleza del trabajo que realizan puede causarles la muerte.

Oposición Venus-Marte

Este aspecto genera problemas emocionales en las relaciones, a menudo de naturaleza sexual. Quienes reciben esta influencia son fácilmente heridos por la crueldad de otras personas. Esta oposición no es favorable para un buen matrimonio.

Oposición Venus-Júpiter

Pueden originarse problemas matrimoniales por asuntos religiosos. Ocasionalmente hay hipocresía. Estas personas tienen un comportamiento molesto que irrita a los demás.

Oposición Venus-Saturno

Este aspecto origina matrimonios poco felices, problemas financieros y depresión. También se presentan todo tipo de frustraciones emocionales.

Oposición Venus-Urano

Esta oposición genera inestabilidad emocional. Son comunes los divorcios, al igual que los romances cortos. Los que reciben esta influencia derrochan el dinero absurdamente.

Oposición Venus-Neptuno

El abuso de las drogas y del alcohol son a menudo sellos distintivos de este aspecto. Puede haber escándalos debido a affairs u otros asuntos secretos. En algunos casos hay tendencias a la homosexualidad.

Oposición Venus-Plutón

Hay pasiones incontroladas que pueden causar muchos problemas. A menudo, quienes están bajo este aspecto, atraen compañías indeseables en sus vidas. Es usual la prostitución con el objetivo de hacer dinero. Son posibles los intentos de suicidio debido a decepciones en el amor.

Oposición Marte-Júpiter

Quienes reciben esta influencia son celosos al promover su propia religión y filosofía hasta el punto de alejar a los demás.

Oposición Marte-Saturno

Estos individuos son frustrados, y actúan violenta y agresivamente para cubrir sus temores frente a los demás. Sus ambiciones son a menudo truncadas por otras personas. En casos extremos pueden aparecer tendencias criminales.

Oposición Marte-Urano

Con este aspecto hay peligro de una muerte violenta. Es común el mal humor. A veces hay enredos en situaciones inestables o peligrosas. Los amigos frecuentemente se convierten en enemigos.

Oposición Marte-Neptuno

Las drogas y el alcohol son peligrosos para estas personas. A veces actúan sin pensar racionalmente. Son bastante comunes las enfermedades psicosomáticas.

Oposición Marte-Plutón

Estas personas usan el poder sólo por razones egoístas. En casos extremos recurren a la violencia. Es usual la muerte drástica.

Oposición Júpiter-Saturno

Con este aspecto son probables los pleitos y los problemas legales. También puede haber dificultades en viajes largos y países extranjeros. Estas personas rara vez son felices y a menudo reciben presión para que hagan más de lo que pueden.

Oposición Júpiter-Urano

El dinero es despilfarrado imprudentemente. Usualmente estas personas tienen buenas intenciones, pero no tienen sentido de la realidad. Cambian las cosas repentinamente para realizar viajes sin razón válida.

Oposición Júpiter-Neptuno

Estas personas generalmente no son confiables y tienen una actitud poco práctica. No cumplen sus promesas debido más al olvido que a un proceder deshonesto y deliberado. Están en constante peligro de drogas y alcohol.

Oposición Júpiter-Plutón

Hay conflicto con los demás debido a que estas personas están decididas a inculcarles sus puntos de vista religiosos y filosóficos. Generalmente carecen de humildad.

Oposición Saturno-Urano

Estas personas trabajan mucho, pero no tienen sentido común y son malos planificadores. Además no practican lo que predican. Ven el progreso frustrado constantemente debido a eventos inesperados.

Oposición Saturno-Neptuno

Este aspecto genera un complejo de persecución. Quienes reciben esta influencia no confían en nadie. A veces deben ser internados en instituciones para curar sus problemas psicológicos.

Oposición Saturno-Plutón

Este aspecto trae desgracia a la vida. Las personas influenciadas pueden ejercer o recibir actos de crueldad.

Oposición Urano-Neptuno

Este aspecto es duradero y afecta a toda una generación. En horóscopos individuales puede tener que ver con el alcoholismo, los enredos o excesos sexuales o los comportamientos neuróticos.

Oposición Urano-Plutón

Esta oposición indica una generación de personas cuyas vidas son afectadas por conmociones sociales o políticas tales como la guerra o una recesión económica.

Oposición Neptuno-Plutón

Este aspecto involucra a una generación de personas. En las cartas individuales es evidente, solamente si ambos planetas están en casas angulares y son muy afectados por otros planetas en cuyo caso se comportarán de una manera bastante diferente a la de sus pares.

capítulo trece

Signos en las cúspides de las casas

E l signo zodiacal que aparece en la cúspide de una casa rige dicha casa. Cada signo tiene ciertos atributos básicos que influencian la casa que rige.

Cada casa tiene características básicas de la vida de una persona que gobierna.

Para interpretar esta interacción entre la casa y el signo regente, simplemente combine los atributos de ambos. Daré un ejemplo al final de este capítulo. Las siguientes son dos tablas de atributos, una para las casas y otra para los signos, que puede usar como referencia cuando esté interpretando cartas natales.

Tabla 1
Atributos de las casas
(En el capítulo 7 encontrará más detalles)

Primera Casa	Su personalidad y cuerpo físico. Cómo lo ven los demás. Autoentendimiento e interés en uno mismo. Vida y salud hasta cierto punto.
Segunda Casa	Ingresos que gana o adquiere. Su dinero y sus posesiones. Sus recursos materiales en general.
Tercera Casa	Su mente consciente y los procesos de pensamiento. Sus hermanos, hermanas y vecinos. Viajes de corta distancia y accidentes durante ellos. Comunicaciones de toda clase.
Cuarta Casa	Su hogar, como hijo y como adulto con su propia familia. Vida familiar en general. La terminación de un asunto.
Quinta Casa	Romance. Vida sentimental. Deportes. Juegos y especulación. Niños. Fiestas y entretenimiento. Habilidad creativa.
Sexta Casa	Su salud. Condiciones y herramientas de trabajo. Ropa. Sus empleados. Servicio a los demás. Animales pequeños.
Séptima Casa	Matrimonio y otras asociaciones. Relaciones con los demás. Enemigos abiertos.

Tabla 1 (continuada)
Atributos de las casas
(En el capítulo 7 encontrará más detalles)

Octava Casa	Muerte. Herencia. Seguros. Impuestos. El dinero de otras personas. Asuntos sexuales. Investigaciones.
Novena Casa	Religión u otras creencias filosóficas. Países del extranjero y viajes al exterior. Animales grandes. Imprenta y publicaciones. Asuntos legales y educacionales. Sueños y algunas experiencias psíquicas.
Décima Casa	Su verdadera profesión en la vida. Ambiciones. Reputación pública. Estatus social y profesional. Honores.
Undécima Casa	Amigos. Grupos de personas. Sus deseos, esperanzas y sueños. Su relación con el gobierno.
Duodécima Casa	Secretos. Enemigos ocultos. Autoengaño. Instituciones de todo tipo. Trabajo y actividades realizads sin hacerse notar. Algunos asuntos psíquicos tales como sesiones de espiritismo.

Tabla 2
Atributos de los signos

Aries	Acción. Mucha energía. Actitud impulsiva. Combatividad. Liderazgo. Entusiasmo. Lucha.
Tauro	Actitud posesiva. Beneficio. Progreso lento pero estable. Terquedad. Determinación. Confiabilidad. Lentitud para cambiar. Dinámicos cuando son estimulados.
Géminis	Mucha comunicación de toda clase. Inversión de mucho esfuerzo mental. Viajes de corta distancia. Diversidad.
Cáncer	Humor variable. Extrema sensibilidad. Mucha intuición o habilidad psíquica. Tenacidad. Asuntos del hogar. Asociación con los alimentos. Necesidad de reconocimiento público.
Leo	Orgullo. Diversión. Romance. Optimismo. Niños. Reacciones temperamentales. Extravagancia. Juegos y especulación.
Virgo	Mucha discriminación. Cautela. Análisis. Trabajo. Perfeccionismo. Búsqueda de defectos. Crítica. Salud. Servicio a los demás.
Libra	Asociaciones. Empresas conjuntas. Refinamiento. Armonía. Equilibrio. Justicia. Belleza. Demasiado románticos e idealistas.

Tabla 2 (continuada)
Atributos de los signos

Escorpión	Secreto. Venganza. Coacción. Emociones y deseos intensos. Celos. Actitud posesiva. A veces tacañería. Actitud fatalista. Cambios forzados. Nunca se rinden.
Sagitario	Buena suerte. Abundancia. Optimismo. Falta de discriminación. Asuntos extranjeros. Viajes de larga distancia. Humor.
Capricornio	Ambición. Autodisciplina. Trabajo duro. Responsabilidad. Deseo de estatus. Seriedad. Parquedad. Ambiciones públicas. Negocios. Honores. Frialdad.
Acuario	Libertad. Independencia. Poco convencionales. Humanitarios. Talentos artísticos. Amigos. Cambios y eventos repentinos. Gustos extensos. Mucha originalidad. Inventiva. Métodos eléctricos y científicos.
Piscis	Compasión. Comprensión. Actividades reservadas. Secretos. Fraude. Asuntos psíquicos. Instituciones de todo tipo. Personas enfermas. Drogas.

El siguiente es un ejemplo de la figura 1 que ilustra cómo interpretar la influencia del signo en la cúspide de la casa. En este figura Virgo está en la cúspide de la segunda casa.

Dicha casa indica la forma en que ganaré dinero. Virgo define parámetros de artesanía, detalles, servicio a los demás, trabajo, perfeccionismos, análisis, búsqueda de defectos, y eficiencia. Esto significa que trabajaré en una ocupación que emplee estas características.

Soy un escritor profesional, especializado en libros de autoayuda. Todos los rasgos de Virgo son absolutamente necesarios para tener éxito y ganar dinero en esta profesión.

Todo concuerda, ¿no es así? Practique con su propia carta; es una excelente forma de aprender astrología.

capítulo catorce

Reuniendo todo

Ahora ya tiene un entrenamiento básico sobre Astrología natal. Conoce el vocabulario y sabe cómo se construye una carta natal. Tiene capítulos con datos de referencia para consultar cuando tenga que interpretar una carta natal que cubra muchos hechos sobresalientes.

Todo lo que falta ahora es que usted comience a realizar una interpretación. Usando la carta natal de la figura 1, muestro a continuación cómo efectuarla:

1. La cúspide de la primera casa tiene a Leo sobre ella. Busque "Leo" y "Primera casa" en el capítulo 14 y anótelos.

2. Neptuno está en Leo en la primera casa. Busque "Neptuno en Leo" en el capítulo 11 y "Neptuno en la primera casa" en el capítulo 12; haga las anotaciones pertinentes. Neptuno se encuentra también en conjunción con el ascendente, conjunción con Marte, en trino con Saturno,

y en cuadratura con Venus, y en una gran cuadratura con Júpiter. Busque todos estos aspectos en el capítulo 13 y anótelos.

3. Diríjase alrededor de la carta, casa por casa, planeta por planeta, hasta que haya escrito todas las intepretaciones.

4. Ahora lea todo lo que ha escrito. Verá se forma patrones. Por ejemplo, encontrará (en esta carta específica) que aparece varias veces la habilidad para la escritura. De este modo que puede concluir lo que la persona (yo en este caso) va a ser, o debería ser, un escritor profesional. También observará algunas cosas que anulan a otras. Por ejemplo, los efectos positivos del trino Saturno-Neptuno anulan o reducen los efectos negativos del cuadrado Venus-Neptuno. Muchas cosas aparecen sólo una vez y probablemente no se aplican a mí, o si lo hacen será sólo superficialmente.

5. El paso 4 le permite sintetizar los datos en un análisis preciso de la carta natal.

En la práctica no necesita iniciar su interpretación en la primera casa y proceder sistemáticamente alrededor de las otras como he hecho en el ejemplo precedente. Se puede comenzar donde uno quiera o saltear, siempre que al final cubra todo. Al final, el resultado será el mismo.

Mientras va adquiriendo experiencia y tienen más datos plasmados en la memoria, podrá ver significados y patrones natales importantes en un instante, sin tener que revisar todo.

Cuando observo por primera vez una carta, noto el patrón inicial. ¿Cuántos planetas están al Este (mitad izquierda), cuántos al Oeste (mitad derecha), cuántos en la mitad superior y cuántos en la inferior? ¿Qué planetas son? ¿Cómo están agrupados? Esto me toma sólo unos cuantos minutos, y me dice mucho acerca de la carta, antes de empezar a observar los detalles específicos.

Hagamos un paréntesis para discutir un poco el patrón. El tema de los patrones corresponde a estudios avanzados de Astrología, pero quiero que al menos se familiarice con él.

Con una rápida mirada, el astrólogo observa adónde están todos los planetas. Los siguientes son algunas reglas generales que los astrólogos tienen en cuenta:

¿Cuántos planetas están en casas angulares (casas 1, 4, 7 y 10)? Si la mayoría de ellos están en casas angulares, indica una posición importante en el mundo.

¿Cuántos planetas están en las casas siguientes (casas 2, 5, 8 y 11)? Si la mayoría de los planetas están en este tipo de casas, esto puede hacer que la persona sea testaruda e intransigente.

¿Cuántos planetas están en las casas cadentes (casas 3, 6, 9 y 12)? Si la mayoría de los planetas están en estas casas, probablemente la persona terminará una parte importante de algo que tenía bajo su responsabilidad, pero se le dará el reconocimiento a otra persona.

Si la mayoría de los planetas están en la mitad izquierda de la carta, significa que hay habilidad para liderazgo. Si están en la mitad derecha, indica que la persona no sería líder si pudiera evitarlo.

Si la mayoría de los planetas están en la parte inferior de la carta, lo más probable es que la persona vaya por la vida reaccionando a estímulos externos para encontrar un rumbo. Si la mayoría está en la parte superior, la persona escoge su propia dirección, en lugar de ser dirigida por estímulos externos.

Cuando la mayoría están en signos cardinales, sugieren un pionero; en signos mudables, un pensador o intelectual; en signos fijos, una persona que puede realizar cosas cuando tiene una dirección dada para alcanzarlas.

Cada vez que haya una agrupación de cuatro o más planetas, es la señal de que algo poco común, extremo, o excepcional ocurrirá en la vida de la persona.

El astrólogo puede mezclar mentalmente el número casi in-
finito de patrones en un bosquejo razonablemente claro, antes
de realmente estudiar en detalle cada faceta de la carta.

Observe el patrón en la figura 1. Ocho de los diez planetas
están al lado izquierdo de la carta. He sido suboficial en el ejér-
cito y un ejecutivo en IBM. El liderazgo se ajusta al patrón.

Siete de los diez planetas están en la parte superior de la
carta. Soy muy independiente, y yo solo hago las cosas; nunca espero que suceda algo externo para determinar qué haré.
Todo concuerda.

Observe en la figura 1 la agrupación de cuatro planetas en la
décima casa. Los planetas involucrados indican: una persona
con un lugar importante en el mundo y reconocimiento público. He publicado varios libros a nivel nacional e internacio-
nal, lo cual me brinda un reconocimiento considerable. Otra
vez todo concuerda.

Sólo he dado una pequeña muestra sobre el patrón. He tenido que decidir sobre los temas que iba a dejar fuera de este
libro, para que el principiante no no llegara a sentirse intimi-
dado y además, su costo fuera adecuado para la mayoría de
las personas.

Del mismo modo, he dado sólo algunos de los datos principales de cada signo, planeta, casa o aspecto. Hay suficiente
material en este libro para que se sienta satisfecho al leerlo, se
divierta, y aprenda mucho sobre usted mismo y los demás.

En la parte IV, doy una lista de referencias para quienes dese-
en avanzar y adquirir mayor conocimiento sobre Astrología.

La Astrología es una actividad divertida, brinda estimulación mental, provee conocimiento valioso, es relativamente

fácil de aprender, puede absorber todo el tiempo que usted pueda disponer, y lo separa como un individuo único.

¡Ahora empiece a pasar ratos muy agradables en el mundo de la astrología!

capítulo quince

Tránsitos y progresiones

Todos desearíamos poder mirar el futuro para ver que nos espera. ¿Cuándo es el momento indicado para casarse, firmar un contrato, buscar un empleo diferente, etc.? ¿Cuándo es el momento apropiado para hacer estas cosas?

Bien, usted puede ver su futuro usando su carta natal. A esto se refieren los tránsitos y las progresiones, la Astrología predictiva. El tema ocupa fácilmente todo un libro y está más allá del alcance de un "principiante". Menciono este tema de Astrología predictiva como una recomendación para su siguiente etapa de estudio. Ahora que sabe lo básico, podrá dominar la astrología predictiva fácilmente.

En pocas palabras, esta rama de la astrología trata las posiciones y los movimientos planetarios en un momento dado del futuro.

Como un ejemplo hipotético, asuma que el 18 de julio de 1999 Urano forma trino con su sol natal, y sextil con su Plutón natal. Esto podría desencadenar una era de conciencia y experiencias psíquicas que cambiarían su vida entera. Si está interesado en el futuro, explore la Astrología predictiva.

cuarta parte

Referencias

capítulo dieciséis

Referencias

Este capítulo contiene información correspondiente a organizaciones, libros y material adicional que pueden expandir sus horizontes astrológicos en la dirección que escoja. Esto no implica que lo indicado en esta sección es todo lo que hay al respecto, o que otras fuentes (no enumeradas) podrían no ser tan buenas.

He plasmado en este capítulo las fuentes que conozco personalmente y considero adecuadas para su etapa de aprendizaje.

No he dado un orden particular a la información, la numeración no indica preferencias, muestro sólo algunas fuentes para su consideración.

1. Llewellyn Worldwide (www.llewellynespanol.com). Esta editorial tiene una línea completa de libros sobre Astrología, servicios y materiales. Recomiendo especialmente: (a) su servicio de carta natal computarizada, el cual tiene un precio muy razonable; (b) sus diversos calendarios

astrológicos, que contienen adicionalmente bastante información sobre el tema; (c) su *Daily Planetary Guide* (solamente en inglés), que posee gran información.

Ellos ofrecen mucho más. Sugiero que les escriba o se comunique vía telefónica (libre de costo) solicitando una copia gratis de su catálogo y una lista de todos sus libros de Astrología, servicios y materiales. Diríjase a:

Llewellyn Publications
P.O. Box 64383
St. Paul, MN 55164-0383, U.S.A.
Tel. (Libre de costo en el U.S.A.): 1-800-THE-MOON
Tel. (Fuera del U.S.A.): 651-291-1970

2. La librería de su ciudad especializada en libros de Astrología.

3. La biblioteca local. En mis inicios pasé cientos de horas en este lugar. Debe tener una efemérides, tablas de casas, y una gran variedad de libros sobre astrología.

4. Evangeline Adams. Esta gran astróloga ha fallecido, pero dejó un legado de excelentes libros. Lea todo lo que pueda realizado por ella. Es probablemente una de las mejores astrólogas de todos los tiempos. Puede que tenga dificultad para encontrar estos textos en la librería, pero posiblemente los hallará en la biblioteca.

5. La American Federation of Astrologers. Esta es una excelente asociación de la cual soy miembro. Ofrecen ingreso a principiantes y tienen una muy buena lista de libros, materiales y servicios disponibles para los miembros. La cuota anual es bastante razonable. Si está interesado, puede escribir para información sobre afiliación a:

American Federation of Astrologers
P.O. Box 22040,
Tempe, Arizona 85282, U.S.A.

6. Programas de computación para Astrología. Si tiene una computadora, o está considerando comprar una y quiere adquirir el softwarre requerido, puede escribir a:

   Matrix Software
   315 Marion Avenue
   Big Rapids, Michigan 49307, U.S.A.
   Teléfono: (616) 796-2483

   He tenido software de Matrix durante años y lo uso frecuentemente. Lo encuentro excelente. Antes que compre la computadora e impresora, escriba a Matrix para averiguar cuáles son compatibles con su software; esto evitará que adquiera un equipo que no funcione para sus propósitos.

7. Astrología predictiva. Un excelente libro sobre este tema es *Predictive Astrology* de Frances Sakoian y Louis S. Acker.

8. Signos solares. Hay muy buenos libros sobre signos solares. Averigüe los ofrecimientos de Llewellyn Worldwide. Adicionalmente, Evangeline Adams escribió un libro excelente sobre el tema. Otro muy apropiado es *Sun Signs*, de Linda Goodman, publicado por Bantam Books.

9. Grados. Cada signo en la rueda del horóscopo tiene un significado específico. Para interpretar los grados, en especial me gusta *Practical Astrology: How to Make It Work For You*, de Jerryl L. Keane, publicado por Parker Publishing Company. Este libro contiene más información astrológica, pero lo uso exclusivamente como referencia para la interpretación de los grados.

10. Una referencia completa para interpretaciones es *The Astrologer's Handbook*, de Frances Sakoian & Louis S. Acker, el cual cubre la interpretación con mayor profundidad.

11. Tránsitos. Una excelente compañía para el libro mencionado en el numeral siete es *Transits Simplified*, de Frances Sakoian y Louis S. Acker, publicado por Harper & Row. Por ahora debe saber que estos autores son eminentes astrólogos.

12. Efemérides. Hay diversos libros de efemérides en el mercado, y prácticamente son lo mismos —todos son buenos. Los dos que sugiero tener son: *The Concise Planetary Ephemeris for 1900 to 1950 A.D. at Midnight*, y *The Complete Planetary Ephemeris 1950–2000 A.D.*, que también es una efemérides de medianoche. Ambos son publicados por Hieratic Publishing.

13. Tablas de Casas. Hay muchas tablas de casas en el mercado, todas son buenas y prácticamente lo mismo. Recomiendo *The American Book of Tables*, publicado por Astro Computing Services.

14. Cambios horarios. Sugiero *Time Changes In The U.S.A.*, de Doris Chase Doane, publicado por la American Federation of Astrologers, Inc. Este libro debe estar disponible en su librería; si no es así, escriba a la dirección del numeral cinco. Esta escritora ha realizado otros libros sobre cambios horarios para Canadá, México, y el mundo. Si va a compilar cartas natales para personas nacidas fuera de los Estados Unidos, necesitará tener a mano libros con los cambios de horas.

Astrología para principiantes

Perfil de su personalidad
APS03-503

¡Uno de nuestros informes más populares! Descubra sus características generales y el modelo de su vida. Examine su imaginación y sus necesidades emocionales. Es una manera excelente para familiarizarse con la astrología y aprender más sobre su personalidad $10.00

Perfil de compatibilidad
APS03-504

¡Revela la verdadera compatibilidad con su amante, esposo, amigo o compañero! Analiza con profundidad la relación con esa persona. ¿Tienen las mismas metas u objetivos? ¿Cómo tratan la discordancia? ¿Tienen los mismos valores? Envíe los datos de nacimiento de las dos personas y especifique el tipo de relación (amigos, novios, etc.) $15.00

Las lecturas astrológicas son hechas por astrólogos profesionales y
se centran en sus características particulares.

Catálogo gratis

Ordene una copia de *Llewellyn Español* con información detallada de todos los libros en español actualmente en circulación y por publicarse. Se la enviaremos a vuelta de correo.

CÓMO HACER SU PEDIDO
para su perfil astrológico

1. Complete esta forma
2. Use su certificado de nacimiento para una información precisa
3. Envíe su pedido por correo

_____ #APS03-_____
Nombre del informe   Número del informe

Conocimiento de Astrología: ☐ Novicio ☐ Estudiante ☐ Avanzado

PRIMERA PERSONA

Nombre completo_____

Hora exacta de nacimiento _____ a.m. ☐ p.m. ☐

día _____ mes _____ año _____

Lugar de nacimiento:

ciudad_____

condado_____estado_____país_____

SEGUNDA PERSONA

Nombre completo_____

Hora exacta de nacimiento _____ a.m. ☐ p.m. ☐

día _____ mes _____ año _____

Lugar de nacimiento:

ciudad_____

condado_____estado_____país_____

Mes en el cual desea empezar el reporte _____

INFORMACIÓN DE FACTURACIÓN:

Nombre_____

Dirección_____

Ciudad_____estado_____código postal_____

Envíe su cheque o Money Order a nombre de Llewellyn Worldwide.

Cárgelo a mi: ☐ VISA ☐ MasterCard ☐ American Express

de la tarjeta_____Vence en_____

Firma del propietario de la tarjeta_____

Envíe esta forma con su pago a:
Llewellyn Personal Services
P.O. Box 64383-Dept. 1-56718-349-2, St. Paul, MN 55164-0383

Los resultados se le enviarán dentro de 4 a 6 semanas.   ¡Gracias por su pedido!